孩子的成长
也是
父母的课堂

[韩]李知妍 —— 著　甘健 —— 译

아이의 마음도
모르면서 사랑한다고만
말했다

中国妇女出版社

著作权合同登记号　图字：01-2023-5951

图书在版编目（CIP）数据

孩子的成长也是父母的课堂 /（韩）李知妍著 ；甘健译. -- 北京 ：中国妇女出版社，2024.3
ISBN 978-7-5127-2318-4

Ⅰ. ①孩… Ⅱ. ①李… ②甘… Ⅲ. ①亲子关系－家庭教育 Ⅳ. ①G78

中国国家版本馆CIP数据核字（2023）第182553号

产品经理：张志元
责任编辑：陈经慧　张　于
封面设计：末末美书
责任印制：李志国

出版发行：中国妇女出版社
地　　址：北京市东城区史家胡同甲24号　　邮政编码：100010
电　　话：（010）65133160（发行部）　　65133161（邮购）
邮　　箱：zgfncbs@womenbooks.cn
法律顾问：北京市道可特律师事务所
经　　销：各地新华书店
印　　刷：天津睿和印艺科技有限公司

开　　本：145mm × 210mm　1/32
印　　张：8.5
字　　数：172千字
版　　次：2024年3月第1版　　2024年3月第1次印刷
定　　价：59.00元

如有印装错误，请与发行部联系

序言

请关爱孩子的心灵

有时候，父母会觉得自己的孩子似乎是外星人，或者是与自己不同的物种。毋庸置疑，父母真心想要了解自己的孩子，想要理解孩子的内心，并怀着帮助孩子的善意和意愿。然而，父母与孩子建立良好关系、和睦相处却很困难，正如有人说：“这个世界上最难做的事情就是养儿育女。”因此，父母一遇到可能会对自己有帮助的人，就会上前去咨询，以至于课间休息时或课后都会有父母悄悄找到我，并提出疑问：“我家的孩子怎么会那样呢？孩子的内心世界根本无从知晓。我该怎么办才好呢？”

这时，我会反问：“你了解自己的内心世界吗？你希望让你的孩子感受到什么呢？”

绝大多数父母在不知所措之后，会闪烁其词地回答：“这个嘛，当然是希望孩子感受到我的爱有多深啊。”

众所周知，理想与现实之间存在着一条又宽又深的鸿沟。父母希望孩子感受到爱与信任，但日常生活中往往表现出来的却是愤怒、恐惧、悲伤、偏见和顽固不化。我们都是有优点和缺点的普通人，为人父母后也无法突然成为超人或特蕾莎修女（Blessed Teresa of Calcutta）。即便如此，为了让孩子只看到自己好的一面，为了让孩子只走在开满鲜花的道路上，父母依然做着不切实际的努力。遗憾的是，这些令人怜悯的努力很有可能以失败告终。无数的父母失败并非因自身能力不足，而是因期望过高。因此，我希望帮助父母们制定出切合实际的目标，并让他们在守住自尊心的同时扮演好自己的既定角色。

为人父母、养儿育女，比做其他任何事情都要漫长、辛苦。有人说：“养儿育女是一项无法保障结果的投资。”纵然身陷反复的失败与挫折中，仍凭着自己的坚强意志不断地创造新的期待与希望、努力前行的那群人，正是父母。诚然，不仅仅是父母在艰难前行，孩子同样背负着属于他们的生命之重。在父母眼里，孩子的苦恼看似微不足道，但在某一刻会沉重到逼迫他们走向崩溃的边缘。有些事，现在回想起来无关痛痒，可在当时要么曾让彼此拼得你死我活，要么曾令彼此心碎。可见，无论是父母还是孩子，时时刻刻都在抗争中生活。在这种艰难中抗争的父母和孩子，最需要彼此心灵上的理解与鼓励。

其实，我们所说的“幸福”的核心在于同他人的关系。据此，彼此心灵上的沟通越深，双方的幸福感当然就会越强烈。

我们需要关注的是处于关系网中的每个人都要幸福。父母和孩子都希望自己幸福，都渴望自己的内心被对方理解。如果想实现这个愿望，父母就必须洞察自己与孩子的内心。幸运的是，我们不仅天生具备这种能力，而且可以通过练习与训练提高它。这种能力被称为“心智能力”（Theory of Mind，通译为心智理论）[1]。

我们拥有的心智能力，其实理解起来很简单。“一个人的行为源于他自己内心引发的思想或情绪。”更具体地说，愿望、信念、意图等思想及喜乐、悲伤、恐惧等情绪是通过行为表现出来的。我们总是想了解他人的内心，而且认为应该去了解。心智能力是长期进化的产物，它的痕迹留存于我们的大脑中。我们的大脑中“配置”有洞察内心的区域，值得庆幸的是，这一区域至今仍在正常工作。我们从儿时起就能洞察内心的原因也在于此，所以无须再费尽心力学习心智能力。即便出于某种原因导致我们失去了该能力，它也比其他能力更容易重新培养。这就是为什么心智能力会被选为提高父母吐露心声能力的工具。

我们大都有过这种失败的经历：被“这个真的很简单，很容易上手”这类话迷惑，然后购入某个商品，后来却发现原来它并非如此。尽管天下无易事，但我们现在却达到了即使闭上眼睛也能完成很多事情的水平。我们必须忘记学海的艰辛，把

[1]　心智能力（Theory of Mind，通译为心智理论）是一种能够理解自己及周围人心理状态的能力，这些心理状态包括情绪、信念、思考、意图和愿望等。——译者注

焦点放在现在力所能及的事情上。

如果我们把通过艰苦的努力才获得的诸多能力称为“本性”，那么它们就成了不费吹灰之力便可获得之物。然而，在我们拥有的众多能力中，并没有哪一种是轻而易举就能获得的。就连语言这种与生俱来的能力，如果不去练习，也会成为无用之物。尽管我们都是想方设法解决众多难题的学习者，可每当开始接触新鲜事物时，我们仍会犹豫不决。老子有云：“去去去中知，行行行里觉。”别想太多，行动为先。虽然我没什么文笔，但能写出本书也是源于我有一颗敢于尝试的心。不论是传递自己的心声还是洞察他人的内心，均非易事。我们刚开始可能会犹豫不决，但终究能了解并有所领悟。

撰写此书的目的很单纯，就是让为人父母者懂得关爱心灵——父母不仅要关爱孩子的心灵，还要关爱自己的心灵。愿此书的撰写能成为一个契机，让父母意识到自己不仅是父母，还是能思考、感受和行动的人。这也是书中除列举了育儿案例外，还列举了其他各类案例的原因。透视各种情况下心智能力的作用，父母理解内心的能力就会逐渐增强，能解决的问题的范围也会更广。我本想尽可能介绍与养育孩子有关的所有例子或研究，但日常生活中发生的例子在一本书中无法一一尽述。因此，能使一本书超越其客观局限性的，唯有父母所拥有的洞察内心的能力。这就是此书不是针对孩子，而是针对父母的原因所在。希望此书能让为人父母者肩上的重担有所减轻，帮助他们与孩子和睦相处。

目 录

第1章 想要传递的心声，想要接收的心声

第2章 洞察孩子内心的关键：愿望、意图和信念

第3章 情绪，隐藏于内心的能量

第4章 通过视线了解孩子的内心

第5章 不用心倾听的父母

第6章 培养孩子的心智能力

尾声 我们终于可以说出心里话了

第 1 章

想要传递的心声，想要接收的心声

班主任打来电话说，孩子在学校偷了同学的东西。我问孩子是怎么回事，他却沉默不语，既不说自己没偷，也不说自己错了，甚至连“我就是想要那个东西”这种话也不说，只是坐着沉默不语。他到底在想些什么？是害怕被批评，还是由于我怀疑他而伤心，或者在生闷气？我一无所知，只能独自郁闷。

两个小朋友在打架，一个孩子打了另一个孩子。被打的孩子挑衅地说：“一点儿都不疼。”然后他气喘吁吁地瞪着打人的孩子。明明很疼，为什么还说不疼？打人的孩子现在又会怎么做？是打得更厉害，还是转身离开？被打的孩子是不是在虚张声势？打人的孩子有没有识破对方的伪装？被打的孩子之所以说出这些话，是不是因为“不想给对方想要的东西”？这两个孩子熟不熟？

我们不仅能如实地表达自己的心声，也能以其他方式将它隐藏起来。有的孩子以沉默来表达情绪，有的孩子则通过虚张声势来隐藏情绪。这些孩子是否把自己的心声传递给了他们的父母和朋友？

进化心理学家罗宾·邓巴（Robin Dunbar）表示，人类经过发育，形成“容量”更大的大脑，是“为了与其他个体和谐共处”。尽管大脑只占我们身体的 2%，却是一个需要消耗 20% 氧气的“昂贵”器官。如此微小的器官发育到消耗惊人能量的程度，得益于“他人的帮助”。一个人只能与大约 150 个人维持稳定的社会关系。组成同一群体的那些人在与其他个体建立起合作关系的同时，也会互相欺骗与利用。于是，群体越大，洞察他人的内心就越复杂、越困难。

在我们的对话中，有 60% 以上都是涉及与他人有关的社会话题。由此可知，其他个体对我们来说很重要。据说，在这个世界上，没有比探究他人的秘密更有趣的事情了。小时候，我们谈论朋友；长大了，我们谈论父母。在谈论自己看到或听到的父母的言行之后，我们通常还会探寻他们这么做的理由，并猜测他们的思想和情绪。孩子为什么会这么做？他究竟在想些什么？他为什么会发脾气？在这个过程中，我们的信念越来越坚定：“**任何行为都有其理由。行为背后即心灵。**”人类的历史，或许就是众人聚集在一起，投入大量时间去猜测、想象和理解内心所得到的成果。最重要的是，我们在谈论他人的行为和内心的过程中，也能理解自己的内心。“在那种情况下，我也会这么做。原来这就是理由。”同时，这种认知又被应用于下一次努力地去洞察他人的内心。这样一来，我们就会对他说：“我也有过跟你相似的经历。”综上可知，我们既能通过其他个体的内心理解自己的内心，又能通过自己的内心去理解其他个体的内心。

心灵，我们虽然拥有却未真正了解

最受人们关注的词语

如果我们上网检索“心”这个字，就会发现与之相关的检索结果竟多达2.44亿个。例如，诉说心声、内心动摇、心灵被触动、心有所安、心中所想、调整心态、心不相通、不懂内心、传递心意、心之所向……“心”遍布于我们生活的方方面面，在歌曲名、电影片名、书名、咨询中心名称、医院名称、电视节目、个人博客文章中随处可见。不管我们能否察觉到，我们每天都会看到、听到与“心”有关的事物。显而易见，“心”是最受我们关注的词语之一。然而，到底什么是心灵？是否有洞察内心的方法？如何才能更好地把“我的心声”传递给他人？

我们虽然都会表达自己的想法，但是似乎很少有谁能正确理解自己心中所想。于是，因为“想要了解自己的内心世界”，或者因“好奇他人的内心世界”，我们开始阅读心理学图书。心理学甚至成了大学里的热门课程。

我们渴望了解自己和他人的心灵

“心灵”一词无人不知。在字典中，“心灵”被定义为内心、精神、思想等。从“心灵深处有忧愁”又可知，“心灵”好像还特指某个地方。

那么，心灵在哪里？它是只有一个，还是有好几个？从何而来？我们为什么会拥有心灵？想得越多越混乱，“心灵”真的是个未知的存在！**连心灵是什么都弄不明白，又如何能传达心声？**

当我们说“未如我愿”时，心灵类似于意志或意图；当我们说“心痛”时，心灵则类似于情绪；当我们说“随你便”时，心灵又类似于需求或愿望。心灵有时是意志，有时是意图，有时是情绪，有时是需求，有时又是信念。它看似是我们内心世界一切的总称。然而，仅凭这一点无法揭示其本质。心灵有时很美好，有时会倾斜，有时又会动摇。或许必须用“我们内心深处能打动自己的某种东西”来定义心灵。但不必沮丧，因为所幸我们早在很久以前就已对心灵的本质有了一定程度的了解。我们总是试图去解释些什么，对心灵的探索从未停止过。

我们渴望表达自己的心声

我们渴望了解并解释世界上发生的事情，因而解释物理和社会现象的众多理论才会不断涌现。其中的心理学理论源于解释、预测、管理人类（包括我们自己）的需求。这种“解释需求”并非专家独有，我们同样也在试图创造出一套自己的“解释理论”。对于需要与陌生人相识并建立关系的我们来说，拥有解释和预测其他个体的能力，不是个人的选择，而是作为人的必备要素。

“内隐人格理论”（Implicit Personality Theory）就是由个体创造的性格理论之一。这一理论是在掌握极少数信息的基础上认知和解释他人的框架。例如，通过他人的身体特性、血型、星座、着装等来解释其性格。

对我们来说，“陌生”意味着“危险”。我们需要以最快的速度预测对方将会做什么，并决定自己该如何应对。因此，我们才会以对性格的主观认知为基础，形成自己的一套理论。拥有“通过一个人的血型可以了解其性格”“透过一个人的外表可以了解其性格”这类主观认知的人，一遇到陌生人，往往就会问与血型相关的问题。科学早已否认了血型与性格有关系，甚至批评这种认知是一种主观偏见，我们却仍以血型为理论依据来解释其他个体。近年来，出现了一种可以替代“血型说”

的解释理论，那就是MBTI[1]。在这一理论为大众熟知之前，它就已在心理咨询师圈子中风靡了。现在我们一见面就会很自然地问："你的MBTI是什么？"我们之所以沉迷于MBTI，原因之一是它将数十亿人简便地划分为16种性格类型。它使得世界简单到连我们都能进行解释的程度。MBTI满足了我们在条件允许的情况下尽可能选择简便方法的愿望。虽然这一理论跟"血型说"一样不科学，但由于它是经过长期积累和验证获得的理论，似乎是比"血型说"更好的选择。

透过他人的行为可以了解其内心

对于那些不相信MBTI的人来说，有个鲜为人知的好消息，那就是我们确实拥有洞察他人内心的能力。其核心是一个强烈而普遍的信念，即"人类的行为由心而发"。我们认为，一切行为均有其意义，并试图探寻它的意义。正因为有了愿望、信念、意图、情绪及感受等，我们才会付诸行动。**这种通过心灵来解释行为的能力，被称为"心智能力"**。

[1] MBTI，即迈尔斯－布里格斯类型指标（Myers－Briggs Type Indicator）。MBTI是一种人格类型理论模型。它将人格分为检查员（ISTJ）、守护者（ISFJ）、倡导者（INFJ）、建筑师（INTJ）、探险家（ISFP）、鉴赏家（ISTP）、调解员（INFP）、逻辑学家（INTP）、企业家（ESTP）、表演者（ESFP）、竞选者（ENFP）、辩论家（ENTP）、总经理（ESTJ）、执政官（ESFJ）、主人公（ENFJ）和指挥官（ENTJ）16种类型。——译者注

我们每个人都拥有心智能力。经研究，孩子也拥有心智能力，并存在生理机制。科学证实，大概到4岁时，孩子就可以用心智能力来解释或预测行为；大脑颞顶联合区（temporal-parietal junction）是否活跃，以及该区域大脑皮质代谢机能，都与心智能力有关系。基于以上两点，一些心理学家主张，心智能力是出于生存需要通过进化而形成的能力。换言之，我们要想生存下去，就必须与他人和谐共处；要想与他人和谐共处，就必须洞察他们的内心。心智能力可视为一种生存工具。

如果想知道他人在想什么

我们在解释和预测个体的行为时，通常会聚焦于由心而发的愿望、信念、意图等。我们如果想知道他人想要什么、相信什么、试图做什么，这些都是对他们行为的最好解释。此外，情绪也需要引起重视。**情绪能增大行动的可能性。**假如我们了解他人的这些心理状态，就可以预测其行为，从而赢得灵活应对的时间。我们一直致力于透过他人的行为，找出其愿望、信念、意图和情绪。在这个过程中，作为最基本线索来使用的就是“看”这一行为。

现在，让我们走进敏书这个孩子的内心世界。

敏书看到另一个孩子贤成正在望着香蕉。当发现敏书在看自己时，贤成也转过头来看着敏书。敏书心想："贤成没看到香蕉旁边的碗，说不定她觉得我也想吃香蕉。"接着，敏书又观察贤成的表情，意识到万一贤成生气了，可能会攻击自己。敏书觉得应该告诉贤成，自己想要的是香蕉旁边的碗。

此时，敏书洞察到了贤成的内心世界，感知到了贤成的愿望（想要香蕉）、信念（相信"我"是竞争对手）、意图（为了拿到香蕉，可能会攻击"我"）和情绪（生气了）。

表明心意，就能改善彼此的关系

我们不会单纯地为了理解他人而去了解其内心，而是为了使自己能做出正确的行为才去了解。现在，设想你身处"香蕉事件"中。在这种情况下，由于你已经洞察到了他人的内心，所以你可以停止看他，转而去看别的地方；也可以直接说"我想要碗"；还可以通过不安和害怕等表情或动作表达自己的情绪，告知对方自己无攻击意图；抑或双方都误会了，对方说不定并未把你视为竞争对手，而是你错误地感知了对方的意图，产生了误会。

这时，**双方和平相处的最佳方式就是互相表露真心**。如果你想要了解对方的愿望、信念、意图和情绪，那么对方也是如此。因此，你应让对方知晓你的愿望、信念、意图和情绪。一方面，对方想知道你究竟要不要香蕉、是不是竞争对手、会不会为了拿到香蕉而争抢；另一方面，对方还想知道你现在是否生气、害怕、伤心和高兴。因为如果你生气了，可能会发起攻击；如果你害怕了，可能会逃跑。简言之，一切沟通的基础是向对方提供其想知道的信息。如果这些信息源于内心，就把对方想知道的完完全全地表露出来。

父母更应该拥有心智能力

“能做”和“去做”是两码事。我们拥有心智能力，但并不意味着会经常运用它。我们往往因不了解他人的内心而让彼此产生误会和矛盾，有时甚至引发争执。从很小的时候起（虽然有人主张是从 18 个月左右起，但绝大多数是从 4 岁起），我们就已经能够用心智能力解释行为，并通过这一能力洞察他人的内心。尽管如此，年龄稍大的青少年甚至有些成年人也经常不能看透他人的心思。原因其实很简单：能做但没去做。并非故意不做，而是懒得做。

幸运的是，我们现在要做的仅仅是下定决心重新运用它。“我们已经拥有了一个很棒的洞察内心的工具，不必再为购买新‘工具’而支付些什么。”我们只需把放在某个角落“吃灰”的工具拿出来用即可。我们只需稍稍“动动手”，就可让它正常工作。对于那些缺乏洞察他人内心和表露真心能力的人来说，这是个好消息。当然，他们有必要进行一些训练，所以要把心智能力“找出来”并学习如何运用它。**比起其他人，更应该具备心智能力的是为人父母者**。亲子关系是孩子出生后形成的第一种关系，是一切人际关系的基础。更重要的是，父母渴望与孩子融洽相处，这种愿望能成为他们提升心智能力的最大动力。

父母该如何与孩子“交心”

在日常生活中，父母与孩子之间充满了彼此洞察内心、表露真心的瞬间。我们来想象一下父母带孩子去博物馆的情境。

为了给孩子一个全新的体验，一个周末，身心疲惫的父母带着孩子去了博物馆，因为他们坚信：相比追求自己的舒适，好父母更愿意为了孩子的未来而“牺牲自己”。但事与愿违，孩子对博物馆的展品毫无兴趣，他感兴趣的是走廊里一把普普通通的椅子。父母不停地说：“来这里，看看这个，很神奇吧？”孩子貌似只凝视了片刻，便转头看向天花板，边走边说：“哇……哇……哇……”父母又一次叫住孩子：“来这里，你应该看看这个。”孩子最终又被叫了回来，这次他也仅看了一眼就缠着父母说：“我渴了，出去吧。”父母满脸不耐烦地质问：“你怎么能这样？得忍着啊！”

父母为什么会生气？

“不耐烦”属于“愤怒”的一种。愤怒是当我们因目标受到阻碍而产生的一种情绪。孩子阻碍了父母的哪些目标？孩子是不是有意阻碍父母达成目标？父母说：“你让我很生气。我再也不会带你来了。”父母这么说到底对不对？孩子并不知道父母最初计划去博物馆的愿望与期待。同样，父母也不知道孩子的愿望与期待。正如我们所预料的，解决方法非常简单——**在分享彼此的愿望的基础上，更深入地进行关于信念的沟通**。去博物馆不只是单纯地为了获得知识，更多的是为了让父母与孩子能进行心与心的沟通。

能言善道就一定能传递真心吗

我们往往相信，不善言辞就无法准确地表情达意。然而，一个人能言善道也并不意味着他擅长表达心意。诚然，能言善道是一种有利于适应社会的能力。如果说在过去它是政客、播音员、律师、演说家、搞笑艺人等拥有特定职业的群体必备的能力，现在它逐渐成为越来越多的人（包括自媒体博主）必备的能力。那么，能言善道的真正含义是什么？如果你不能立即给出答案，就先想想那些“能言善道的人”吧！你身边的人也好，电视上经常出现的名师、政客也行，从他们中选择一位，并尽可能生动地描述他。

“这个人的声音不高不低，听起来很舒服；发音清晰明亮、声声入耳，能让人听得清清楚楚，就像看一场戏剧，根据台词就能想象出丰富的表情和动作。可以毫不夸张地说，这个人似乎从未说过相同的话，有时会使用连孩子都能理解的简单词汇，有时会使用专业术语。更重要的是，其间频繁引用的生动事例幽默而有趣。再加上语速忽快忽慢、忽高忽低，听起来像是在唱歌，不给人感到无聊的机会。这个人的举止无拘无束、充满自信，使他说出来的话显得有意义，让人感到很重要，以至于即便是那些毫不起眼的话语，我们听后也觉得非常重要。”

遇到这样的人，我们除了羡慕和感叹“哇，真是能言善道啊”，还会产生“我做不到”的挫败感。除非我们想从事与口才相关的工作，否则没有必要做得这么好。如果我们一味地模仿口才好的人，有可能学到的是像空心芝麻糖那样没有实质性内容的表面功夫。更糟糕的是，表露真心可能会遭到质疑。事实上，有些能言善道的人虽然善于运用自己的口才，却无法打动人心。为什么？也许是因为他们的话语不能让他人感受到其真心。“心”只会随“心”而动。既然他们的话语并未传递出真心，自然也就无法打动人心。

我们现在想跟孩子沟通

一些骗子混迹于尝试打动人心的人群中，这类人妄想让他人迎合自己的目标。他们也会表露真心吗？他们也许会将自己的一部分心意表露出来，但通常是只顾着研究他人的内心世界。骗子们懂得，只要让自己看起来是在表露真心，对方就会交付出自己的真心。他们是伪装成交付真心、欺骗他人的“专业技术人员”。显然，有人还滥用心智能力。

在《信心游戏：为什么我们每次都会受骗》（*The Confidence Game: Why We Fall for It...Every Time*）一书中，作者兼心理学家玛丽亚·康妮科娃（Maria Konnikova）分析了骗子骗人的过程。书中指出，通过对诈骗行为进行分析可以发现，骗子为了打动人心，会设置许多骗局和圈套。

值得庆幸的是，这类人只是少数，大多数人不会怀着恶意去欺骗他人。最重要的是，我们只有坚信大多数人并无恶意，才能与他人和谐共处。另外，有研究结果表明，生活在由陌生人构成的社会群体中的人，愿意相信并期待对方是一个好人。因此，与其因害怕骗子或“谎话精”而**把自己的内心世界隐藏起来，还不如学着如何正确将其表达出来**。

要想说出打动人心的话，就必须将心意融入其中。比起如何表达心意，更重要的是表达怎样的心意，因为我们早已知道我们对哪些东西好奇。

孩子也一样。他们需要包含着我们的愿望、信任、意图和情绪的话语。这些话语之所以能打动孩子（和我们自己），似乎是因为“心灵能直指某人或某事”。现在我们来回答“你的心指向谁”这个问题。只要想象一下自己是朝着谁站立，就能明确地说：“原来如此，我的心之所向是孩子！”如果我们知道孩子的心之所向，就能洞察他们内心的向往之地。那么，我们的心灵也会随着自己洞察到的地方移动，最终与孩子的心灵合二为一，从而使我们真正了解孩子的内心。要想洞察内心，没有比“你的心指向谁”这一提问更能表露真心的了。

父母可以和孩子坦率地对话

我们并不习惯表露真心。刚开始学炒股的人被称为“股市小白”，刚开始学做菜的人被称为“厨房小白”，而心智能力不足的人可被称为“心灵小白”。其实，我们既不太懂得如何去洞察他人的内心，又没有用优美华丽的比喻、新奇的词汇来装饰自己内心的能力。可是，**如果培养自己的心智能力，那些刚开始学习洞察内心的“小白”，特别是为人父母者，就能了解自己与孩子的内心，并能获得坦率而直接地表露真心的自信感**。这种自信感的源泉就是心与心的对话。

从现在起，我们就通过聚焦愿望、信念、意图和情绪来提升自己的心智能力吧！

为什么父母必须了解自己与孩子的内心

我们连机器的“心思”都想知道

现在我面前有一台电饭锅。白色的锅身上有一个黄色的盖子。这是一台只有做饭和保温功能且操作简单的电饭锅，简单到打开盖子，把大米淘干净，将适量的大米和水倒入锅内，然后合上盖子并按下煮饭按钮即可。随后，煮饭按钮的指示灯亮起，不久后，随着“咻”的一声，白色热气便会从锅里冒出来，这是电饭锅发出的饭即将煮好的信号。我根据这个声音提示，准备做晚餐的配菜。片刻后，电饭锅发出“咔哒”的声音，指示灯由煮饭变为保温。再等一会儿，打开盖子，让人稍有刺痛感的热气一下子冒出来，这时我可以拿着饭勺搅拌米饭了。我准确地解读出了电饭锅发出的信号，并根据信号来决定自己接下来要做什么；我明白为什么电饭锅会发出“咻”或“咔哒”声，为什么指示灯会闪烁和熄灭；当电饭锅发出“饭做好了”的提示，我会回应：“好，知道了，立即搅拌米饭。”**我通过电饭锅发出的信号解读了它的“心思”**。

有的电饭锅跟我的不同，它们会说“现在开始做饭”“美味的米饭做好了”。这时，我们也没有必要再去努力解读电饭锅发出的信号。不仅仅是电饭锅，越来越多的机器都会“说话”了。当机器发出某种行动指令时，我们能轻易地明白其意图。电饭锅虽然仍保持着它的状态，但不久后会告诉我们该做什么，如“稍后请搅拌米饭”等。另外，如果根据指令搅拌，它可能还会说“必须上上下下充分搅拌”，以此纠正我们的行为；或者表扬我们“做得好”。了解机器的“心思”，即明白机器的意图，变得越来越容易了。未来，还会有更多的机器能“说出自己的想法”，“机器痴”再也不会害怕机器了。

经验丰富的主人能洞察狗狗的心思

凉风习习的傍晚，主人带着宠物狗出去散步。紧跟主人步伐的狗狗昂着头，微张着嘴，伸着舌头，双耳分别向左右两边竖着，尾巴自然地垂向地面，偶尔低下头，嗅嗅路边的无名野草。此时狗狗有着怎样的心思？它可能觉得既舒服又相当满足，好像在说：“呼吸外面空气的感觉真好！”

随后，一边闻着路边花草树木的气息，一边悠闲地漫步的狗狗，行为慢慢地发生了变化。它的眼睛睁大，嘴巴紧闭，指向两边的双耳朝前，尾巴也与身体垂直并忽左忽右地轻轻摇动，身体也似乎微微前倾。

这是狗狗正处于略微紧张而警惕的状态。这些行为意味着什么？这意味着狗狗似乎发现了一些此前不太了解的有趣事情。狗狗好像在自言自语：“呃？怎么回事？第一次见呢。有必要提高警惕！”

一起散步的主人必须洞察狗狗的内心世界。主人需要做出决定：是让处于放松状态的狗狗悠闲地漫步，还是给处于紧张状态的狗狗一点儿探究陌生事物的时间。如果陌生事物有趣就无所谓，可如果陌生事物具有威胁性，主人就必须事先做好准备。因此，经验丰富的主人会时刻关注狗狗的行为。而刚开始养宠物狗的主人却可能因为不了解狗狗的语言，导致很晚才察觉到狗狗的异常。

父母能根据宝宝的表情洞察其内心

我们猜测了能“说话”却没有心灵的事物（电饭锅），以及无法说话却拥有心灵的动物（宠物狗）的心思。那么，宝宝的心灵又是怎样的呢？

一个深夜，小宝宝突然号啕大哭，妈妈抱着孩子不知如何是好，不停地问爸爸：“他怎么了？病了？饿了？还是不舒服？”小宝宝不喝奶，换了尿不湿后继续哭。仔仔细细地检查了宝宝身上的每个地方，既没有发热的迹象，也没有其他特别的疑点，可宝宝就是一直哭。妈妈一边抱着小宝宝，一边低语“你会说话该多好啊”，一边在屋子里走来走去。最终，小宝宝的哭声渐渐平息了下来。

小宝宝究竟为什么哭？现在是不是好多了？是不是因为哭累了才停止哭泣？

随着时间的推移，新手父母能够在一定程度上区分出小宝宝为何而哭。研究表明，妈妈能非常准确地理解小宝宝的哭声。当把小宝宝的各种哭声录下来给宝妈和没孩子的女性听时，宝妈更能准确地辨别出小宝宝的哭声。她们能分辨出疼痛的哭声、饥饿的哭声、尿不湿满了和衣服穿着不舒服的哭声及瞌睡时哼哼唧唧的哭声。

比哭声更能准确地表达小宝宝心声的是他的表情。即便是婴儿，也能根据他所感受到的喜悦、悲伤、愤怒、恐惧等不同情绪，展露出不同的表情。许多父母通过研究婴儿的表情来分析其内心世界。婴儿不用学习也能展露出生气的表情，父母一看到小宝宝的表情就知道孩子生气了。这也是达尔文主张“情绪是进化的产物”的依据。当然，能通过表情在一定程度上洞察小宝宝的内心是值得庆幸的。然而，**孩子的表情不会告诉我们他生气究竟是因为什么。所以，寻找原因的重担就压在了父母肩上。**

你真的了解自己的内心吗

我们会推测一切行为背后隐藏的意图并做出相应的反应。我们相信，任何行为的背后都隐藏着某种心理；我们也相信，相比于他人的内心世界，我们似乎更容易了解自己的内心。但是，这种看似理所当然的信念，有时也会动摇。结果，我们不得不承认：**“我连自己的内心都不了解！”**

因为不了解自己的内心而感到沮丧的人，开始寻找能理解自己内心的人。他们问朋友，问医生，甚至求助于仪器。有的英国人想知道自己喜欢或爱什么样的人，就利用仪器检测自己的大脑，拍摄脑部照片，并且得到“看到这个地方变红，就意味着你已经坠入了爱河”的回答。根据脑科学的研究，在看爱人和朋友的照片时，我们大脑的不同区域活跃程度不同。那些求助于仪器检测自己内心的人，是愚昧无知还是在追求现实？

幸运的是，我们还算比较了解自己的内心，否则绝对无法回答“想要什么”“想做什么”“喜欢这个吗”“来干什么”这类平常的问题。我们能说出自己喜欢、想要、相信、所决定的和计划的。

“我特别想休息，但待在家里休息不了，所以打算出去旅行。一想到出去旅行，我的心情就舒畅起来。”

我们无须做特别的努力就能了解自己的内心，我们也能在不知不觉中学会洞察内心，就好像孩子学说话一样自然而然。然而，随着语言和心灵变得越来越复杂，从某一刻起，仅仅靠天赋去洞察内心是不够的。于是，我们就开始积极制定“洞察内心”的战略。

与孩子对话前，先审视自己的内心

在察觉到自己的心理出现异常之前，我们都疏于去努力审视自己的内心。因为我们相信“我的内心我最了解”，所以不会留出自问并寻找答案的机会。**“了如指掌的错觉”成为审视我们内心的最大障碍。**

我们会问发脾气的孩子：“不喜欢吗？”“是不是想做点别的？”我们也会用“没关系”来安慰孩子，却不会反问自己：“很意外吧，还好吗？”我们现在来设想一下，孩子一直要赖想看手机，我们会反复说“别看了”，同时也越来越生气。这时，我们有没有问过自己：“我为什么生气？”“我在生谁的气？”我们生气，很可能是因为孩子没有遵守约定，或者是因为孩子看手机会影响他的健康。我们认为自己发火，导火索不是自己，而是由于孩子犯错了，所以我们生气也合情合理。**然而，我们生气也许还有其他原因。“我说过多少次了，还是这样！我的话可笑吗？”这就是我们生气的原因。作为父母的我们，被孩子忽视了。**

我们从未思考过自己行为的真正诱因，反而将自己的行为合理化，进而一味地大声训斥孩子：“你怎么这么倔，还不赶紧给我放下！”之后，我们还会为自己寻找一个合理的理由。这种行为源于“我是好父母，好父母应该纠正孩子的错误”这一执念。如果教育的目的是教会孩子遵守约定，我们就应该采取不同的方法。

“你没有遵守约定，知道没有遵守约定的后果是什么吗？我会按我们约定好的那么做。”

父母不了解自己的内心，受伤的就是孩子

如果父母不知道自己有没有生气、为什么生气，只是力求扮演所谓的“好妈妈”“好爸爸”角色，那么孩子就会受到不公平的待遇。一般来说，心灵上受伤的都是孩子。众所周知，行动由心而发。父母生气时说话比较生硬，甚至会让孩子害怕得不停地颤抖。父母也很吃惊：“为什么我会发出那种奇怪的声音？”惊慌失措的父母会越来越情绪化，为了成为所谓的“好父母”，会把自己的真心隐藏起来，只做“好父母”应该做的事情。在这种情况下，父母无法意识到自己此刻的心理状态并不适合做任何决定，却依然去惩戒孩子。可在孩子看来，所谓的惩戒是不合情理的。本来是出于好意，结果父母和孩子失去了感知彼此真心的机会。

连自己的情绪都觉察不到，怎么去了解孩子

有时候，比起了解自己，我们似乎更善于洞察他人的内心世界。每次开课的第一天，我都会问我的学员："为什么申请这门课（发展心理学）？"父母和老师大都这样回答："想了解我的孩子。""想了解我教的那些学生内心的想法。"此外，当被问及对孩子（学生）的了解程度，他们的答案通常是"有一定程度的了解"，或者"相当了解"；当被问及是通过什么途径来了解的，答案通常是"通过孩子的面部表情和表现出来的行为"。他们还说，不仅是了解孩子，还会帮助孩子认识自己的内心并调整心态。例如，他们会对孩子说："原来是在伤心啊！"随后就去拥抱孩子并用语言安慰孩子，再询问缘由。

问到这里，我开始用新问题来转变观点。我接着问："那么，当时你感受到的情绪是什么？万一孩子固执己见，不听父母的话，突然开始放声大哭，这种情绪有多强烈，你经历过吧？你有没有生气？有没有不安？有没有惊慌失措？有没有感受到特别的情绪？"

那些原本自信满满地回答问题的父母和老师，此时都没能立刻回答。过了好一会儿，他们回答说："这个嘛，没怎么想过。""我不太清楚自己的情绪。"为什么会出现这种情况？**原因之一是我们看到的对象存在差异。尽管我们能看到孩子的面部表情和行为，却无法看到自己的面部表情和行为**。这也是为

什么有一天我们在安慰孩子的时候，无意中发现镜子中或窗户上的自己会吓一跳。因为我们脸上写满了烦躁和沮丧。无论是自己的内心还是他人的内心，如果不试着努力去了解，绝对什么都洞察不到！

只有洞察他人的内心，才能制订出行动计划

为什么我们要洞察他人的内心？简单来说，就是为了生存。我们必须与他人和谐共存，所以必须懂得解释和预测他人的行为；我们必须知道，那个人为什么会跑向森林，为什么会那样看着我们，为什么会看着我们笑，为什么眼神会在我们和旁边的自行车之间游移。我们仅仅停留在“看”这个行为上是远远不够的，了解引发行为的原因才能预测下一个行为。更重要的是，这可以让我们决定该如何行动。我们必须明白，诱发我们行为的是心灵。

那个人想要什么？那个人的计划是什么？我们常常在寻找这些问题的答案。**答案就在我们的所见所闻中**。我们会这样想：那个人想要我们的自行车；那个人认为我们比他矮，所以他相信自己能抢走我们的自行车；他的计划是等我们稍不留神就抢走自行车；我们现在必须立刻骑上自行车离开。我们或许误解了他人的心思，但依然认为，与其坐以待毙而失去自行车，还不如丢一次人，更何况也无法确认自己的想法是不是错

了。如此一来，我们所形成的“信念”逐渐变强。总而言之，识别他人是帮助还是伤害我们的人，是生存的必备能力。

为什么我们必须了解自己的内心

如果了解他人的内心是生存所必需的，那么我们为什么必须了解自己的内心？理由其实跟必须了解他人的内心一样。只有我们解释并预测了自己的行为，才会有安全感。如果我们的心中住着一个似乎连自己都不认识的人，而且这个人还时不时地冒出来几句肆意妄为的话，我们不但会产生失去自己人生主导权的无力感，还会产生恐惧感。

此外，还有一个与失去主导权类似，但不那么引人关注的症状——“选择困难”（indecisiveness）。我们往往这样想：“我想要这个，但价格最重要。所以我会选择更便宜的。”做决定时，至少有三种心理状态会发挥作用：愿望、信念和意图。如果其中任何一种心理状态模棱两可或模糊不清，我们就无法做决定。

选择困难源于我们同时拥有多个愿望，这个想要，那个也想要，还想要另一个。这些愿望相互冲突、竞争，让我们拖延了做出决定的时间，最后造成我们无法付诸行动。不仅仅是愿望，各种信念也起着作用。“价格便宜的东西更好”“便宜的东西不被我们认可”“应该货比三家”这些信念间的矛盾也是付诸行动的阻碍。即便好不容易才做出决定，也会犹豫是否付诸行动，在“付现金”“刷卡”“AA 制”这类相似选项之间举棋不定，苦恼再次爆发。无论苦恼是大还是小，我们必须不断地确认自己的内心世界，同时感叹：在每一个需要做决定的瞬间，如果能把自己的内心弄得明明白白，那该多好啊！

作为理解他人的工具，我们的心灵存在局限

最重要的是，当我们想了解他人的想法时，我们的心灵会发挥重要作用。无论是我们自己还是他人的心灵，其运作机制都相同。因为我们不能亲眼看到别人的想法，也没有掌握充足的信息，所以不得不依靠推理来填补空白。此时，还有一个好策略，那就是我们反问自己“如果换作是我，该怎么办”“在同样的情况下，我会怎么做”。这就是我们的心灵运作的方式。在这种情况下，我们想要的、愿意相信的及当时的情绪，都会重新浮现于脑海。以这些为依据，我们可以告诉对方：“我懂你的心，我也有过相同的经历。”

在他人开心时，我们一同开心；在他人悲伤时，我们一同悲伤。**这种同理心（empathy）是连结人际关系的黏合剂**。同理心，是由感知并理解他人的情绪而引起相同情绪的能力。同理心不只停留于安慰和帮助他人层面，还经常在解释犯罪行为时“登场”。它是解释人类社会行为的重要依据。有时同理心

被视为“灵丹妙药”，就好像一个人的幸福由自尊心守护，与他人交往的幸福由同理心守护一样。

然而，“我们的内心”跟“他人的内心”是不同的。弗里茨·布赖特豪普特（Fritz Breithaupt）在《共情的阴暗面》（*Die dunklen Seiten der Empathie*）一书中说，进入他人的内心世界与自己亲身体验这种处境，有着本质的区别。虽然我们嘴上说“如果我是你”，但很清楚自己跟对方不同。更重要的是，我们不必进入他人的处境去直接体验和感受其痛苦。

例如，在你和孩子聊学校里发生的事情时，虽然你嘴上说“如果我是你，也会很生气”，但你不必真正害怕生气所带来的后果。因此，同理心更接近于观察，而不是体验。你处于状况之外，所以能够拥有更清醒、客观的认识。另外，处于事件中心的人实际上可能更纠结于未受到重视的结果，因而导致某些具体而核心的东西被缩小或错过。这就是“将心比心”的局限。为了克服这一局限性，必须承认“我们的内心”与“他人的内心”有所不同，我们需要积极尝试走进彼此的心灵并表露真心。

通过语言向孩子表达我们的心声

语言是传递信息的需求

前面提到过的电饭锅和宠物狗的行为有哪些区别？电饭锅并不能萌生某种意图并通过灯光、声音、语言等表达其想法，只是按照设计者的意图和存储的程序在工作。相反，宠物狗的行为中包含了它自己的意图，它是为了向主人发出警告而吼叫。但如果有人问："宠物狗是根据自己制订的计划去行动的吗？"这就无法给出肯定的答案了。狗狗的大多数行为是天生、自发的；狗狗还懂得自动执行，虽然是有明确意图的行为，但这种有计划的意图跟人类的意图不一样。

尽管电饭锅、宠物狗和人类的意图存在明显差异，但这些行为的目的是向我们传递某种信息。所传递的信息可以是对情况的简单描述，也可以是来自对方的请求或指令。显而易见，这是"语言"的开始，是一种强烈的沟通愿望。

观察婴儿的发育过程，我们可以了解他们的心灵是如何开启和变化的。达尔文、皮亚杰和弗洛伊德等著名学者的理论均始于对自己孩子的观察记录，即育儿日记，这并非巧合。

婴儿大约在 12 个月大时开始说出第一个词语。实际上，他们可以更早地与他人进行沟通。小宝宝看着某个人的眼睛，会察觉到这个人内心的活动，然后用眼神把自己的心思表达给对方，如“那个东西好神奇啊”“我想要那个东西”“那是好东西吗”“看看这个东西”。

婴儿的凝视不仅仅是一个眼神，示意不仅仅是一双举起的手，喃喃自语不仅仅是一种声音。这些都意味着小宝宝正在向某人传递信息。行为是表达心声的信号。长期以来，发展心理学家一直将婴儿的凝视和指点行为解释为其表达心声的信号。

当小宝宝能够更自由地控制自己的手臂时，就会利用手和手臂的动作“说话”，这被称为“幼儿语言”。他们会上下移动着手说“蝴蝶”，拍着头说“帽子”，把拳头贴在嘴唇上说“牛奶”。这些是对某种事物的简单描述，是示意将其拿到自己身边来的要求，也是指示他人“看看这个东西”。虽然幼儿语言等肢体语言会对以后的有声语言发展产生何种影响目前尚有争议，但现在已经明确证实，它在促进小宝宝与父母的关系方面有着积极的影响。父母与小宝宝心灵相通，他们为自己能成为好父母而感到满足。像幼儿语言那样，即使那些有限且多少有些不正确的沟通，也能使亲子关系的纽带得到加强。我们进行沟通，不是单纯地为了获得自信和扩展知识面，更是为了与他人更好地相处。

孩子期待的话语中蕴藏着真心

进化心理学家金泽哲（Satoshi Kanazawa）在《智力悖论》（*The Intelligence Paradox*）一书中解释说，人类生存所必备的特性并非来源于像亲子关系这种特定关系中的遗传因子，而是所有人都拥有的生物学上的一般基因。换言之，重要的是人人生而平等，语言能力就是其中之一。我们的语言能力与生俱来，全世界的儿童几乎都是在同一年龄段开始说话，无关何种语言，就好比没有哪个孩子是先决定说韩语再出生的。有时孩子可能由于某种原因说话晚；有时可能不是发出某种声音，而是用身体动作来代替发声。无论怎样，他们都会说话。因此，我们认为语言能力是孩子理所应当具备的能力。

在孩子 1 岁左右时，父母急切地等待着小宝宝说出第一个词语——“妈妈”或“爸爸”。**父母认为，这不是小宝宝指着某个对象时发出的简单声音，而是他的心声**。实际上，有研究报告显示，许多孩子都是以说出“妈妈”这个词语开启了语言之门。这其中可能包含听到小宝宝说话的妈妈的愿望（“宝宝应该是在叫我吧”）。总之，没有谁能否认“妈妈”“饭饭”“爸爸”在宝宝生命中的重要性。“妈妈”和“爸爸”对小宝宝来说意味着温暖、充实和安全。当宝宝叫“妈妈”时，妈妈会以微笑回应并拥抱孩子，给孩子喂食物、换尿不湿。“妈妈”是一个带有魔法的词语，这个词让人领悟到：这个世界值得信赖，我们值得被爱、有存在的价值。

不“走心”的话也有“用武之地”

出生不到一年的小宝宝也会说话。随着年龄的增长，小宝宝越来越会说话，能认识更多的词语，造出更复杂的句子。

有趣的是，从历史上看，虽然人类的语言能力已经达到了惊人的水平，但我们却认为自己的语言能力并不高。其实，不是语言能力下降了，而是我们对语言的标准提高了。我们懂的越来越多，词汇量增加了，社会关系也变得越来越复杂，因此很难找到与之相对应的词语。另外，如果观察那些因个人言辞而没落和亨通的人，我们会发现“说话”越来越难。我们可以稍稍回想一下当前自己说过的话。你有没有对孩子说过“别说没用的话”？究竟哪些话有用，哪些话没用？话有用还是没用，既因做决定的人而异，也因时间的变化而变化。话说出口的那一刻，我们觉得所有的话都很重要，但是随着时间的推移，又会觉得很多话都是多余的，以至于后悔不已地想“为什么要说那种话”“说了也没用”“该说些别的”，同时下定决心“以后说话要谨慎”“话要说得更简洁一些”。

尽量不说没用的话引起的副作用是：不仅仅是我们自己，就连对方的话也越来越少。这就导致我们徘徊在谨慎和郁闷的边缘。不过，我们所说的每一句话都必须有意义吗？并非每一句话都应该有意义，或者都能“结出丰硕的果实”。有些闲聊看似废话连篇，却能抚慰和守护我们的心灵。遗憾的是，我们大都低估了闲聊这一行为。

聊天是缓解压力、整理思绪、获取新信息的方法。闲聊的话题大部分是周围的传闻和别人的“伤疤”，以及我们在日常生活中经历的一些小事。这些话看似毫无价值，但传闻和他人的不幸、艺人的时尚中都包含了我们在这个世界上无法亲身体验到的信息。虽然多少显得有些自私，我们却能从谈论他人的失败或不幸中得到慰藉——我们的生活是安全的。

然而，要想使闲聊有助于身心健康，就必须懂得在社交范围内适可而止。我们并不喜欢揭他人的“伤疤”。“说他人坏话的人不是正人君子”的观念也适用于我们自己。另外，有研究结果表明，揭他人“伤疤”者会很快成为被揭“伤疤”之人。当我们说某人自私时，听我们说话的人也会记住我们是一个自私的人。

老子有云：“埏埴以为器，当其无，有器之用。凿户牖以为室，当其无，有室之用。故有之以为利，无之以为用。”[1]

[1] 出自春秋时期老子所著的哲学作品《道德经》第十一章，其大意为：和泥制作陶器，有了器具中空的地方，才有器具的作用。开凿门窗建造房屋，有了门窗四壁内的空虚部分，才有房屋的作用。所以，“有”给人便利，“无”则发挥了它的作用。——译者注

父母对孩子说“TMI”[1]的后果

试想一下，假如我们的大脑中有一个“审核员”，警告我们不要说没用的话，那么在话说出来之前，它的实用性已经经过了大脑的审核。因此，很多话会因无法通过审核而从我们的脑海中消失。

即便江山易主、斗转星移，也总有一样东西不会变，那就是学员不提问。因为学员会自己进行审核，如“这个问题太幼稚”“如果问这个问题，其他同学会不高兴”“这几个问题毫无关系”。同样，我在授课过程中，如果产生“这些话有必要说吗”的疑问，就会咽下想要说的话。后来回到家，一想起来就很后悔，因为那些未说出口的话可以让课堂的氛围更轻松。随着这些扮演“丑角”的话语消失，我说出来的话也渐渐失去感染力。大家会说我的这些话太严肃认真、十分无趣；而我就会认为自己是一个不太会说话的人。

也许受到最严格审核的是跟我们的内心有关的话语。向他人表露真心之所以不是件容易的事，是因为有时候他们并不想了解我们的内心。向不想了解我们内心的人表露真心，纯粹是多此一举。在韩国人的日常用语中，有“TMI”这个词语，意思是“你在想什么、有什么感觉，我都不想知道，只需要你回

[1] TMI，韩国网络流行词，英语“Too Much Information”的缩写，是美式口语的一种表达方式，意思是“信息量太大”，后引申为说得太多、太具体了。——译者注

答问题即可”。这样说话十分无礼，就等于把对方说了一半的话打断，将对方推到尴尬的境地，好像在责备对方：“你怎么这么没眼力见儿？”如果说行动由心而生，那么一个人的心声就蕴含于其话语中。“TMI”一词不是堵住了他人之口，而是堵住了他人之心。

如果父母对孩子说“TMI”，孩子就会将这句话理解为：“不要跟我说，我对你心里想什么不感兴趣。”

和孩子沟通时要控制好自己的情绪

想说却说不出来，我们就会用“哑口无言”来形容。当无言以对或忐忑不安时，就会发生这种情况。在学校或工作中进行重要的讲话时，在向自己喜欢的人表白时，在向孩子解释为什么要去托儿所和学校时，在受到不公平的对待时，我们都有可能说不出话来。为什么会说不出话来呢？我们认为，感到不安或惊慌失措、怒火冲天时会说不出话来。实际上，如果我们被某种强烈的情绪压制，就会说不出话来，这是因为情绪会压制理性，而语言更接近于理性。

假如是由于焦虑或愤怒而“一时语塞”，我们只需等情绪平静下来以后，就能恢复到平和的状态，问题也就迎刃而解。幸运的是，我们每个人都有自己的情绪控制策略：**深呼吸，慢慢数数，说一些让自己平静下来的话**。如果像往常一样知道如何解决问题，问题就不再是问题了。“没问题”的意思是“我知道解决问题的方法”。在生活中，我们会逐渐变成解决问题的高手，随着经验积累得越来越多，“哑口无言”的情况也会随之减少，最终不再是一个问题。

控制情绪的能力在人与人相处过程中必不可少。我们身处于各种各样的关系网中，并借助各种关系来解决经济、社会、心理方面的问题。一些关系不能因为愤怒而立即中断，而是需要我们放下愤怒，或者以自己可以接受的方式表现出来。我们常说，生气也要生得健康。这尽管是比想象中还复杂得多的技能，但如果有必须掌握的理由，我们得找到方法并学会适应。与孩子沟通就是如此。我们必须想方设法控制好情绪再与他们进行沟通。

沟通的桥梁：维持均衡[1]的“智慧短信”

当我们想要做某事的动机减弱时，我们的努力程度也会随之降低。如果动机减弱，我们会选择避开他人，不进行情绪控制训练。如果与他人见面的机会减少，我们就无法意识到自己需要情绪管理技能，更不会去练习。近些年，在日常生活中不

[1] “均衡教育”在韩国十分流行。它强调孩子的身体与心灵要获得双重和谐发展，主张进行“点”与“面”相结合的教育，并最终实现素质教育。“均衡”一词常用于与教育相关的图书与论文中。——译者注

习惯与他人直接见面沟通的人逐渐增多。再加上网络的发展，与他人直接见面的需求减少，以至于与“网友”交谈让人感到更亲切。

另外，由于受疫情的影响，越来越多的人在家工作，长时间保持社交距离，这种趋势似乎愈演愈烈。

甚至处在同一空间的人之间用短信沟通也开始显得自然起来。这不再是奇怪的人做出的怪异行为。例如，坐在咖啡厅喝着咖啡的情侣、坐在客厅沙发上的妈妈和在房间里的儿子，都互发短信。如今，我们能像说话那样快速地编辑短信。**显然，通过短信进行沟通有其优点。当人与人之间发生冲突，比起直接沟通，互发短信会更合适。**孩子也不用在发生争执的父母之间做“传话筒”这个苦差事。争执发生后，妈妈对孩子说：“叫你爸爸吃饭。”孩子问爸爸：“爸爸，想吃饭吗？”爸爸说：“等会儿再吃。”这时，短信能够代替处于尴尬和不和谐关系中的孩子，把爸爸的话转给妈妈。几乎不带感情色彩的文字，还能让人客观地正视问题。此外，平时觉得难为情而无法说出来的话，也能以文字的形式更轻松地表达出来。

现如今，短信已很自然地成为我们生活的一部分。由于媒介的特性，短信简化了所有内容，短信写得过长有时还会被取笑，用短信沟通大都采用发几个词语和表情包的形式。这跟处在用几个词语来传递意思的“电报式语言”（Telegraphic Speech）发展阶段的孩子沟通一样。也就是说，情绪不是用语言，而是用图像（表情包）来代替。这样不但减轻了情绪上的压力，而且“无话可说”的情况也几乎消失。

不过，我们不能一直停留在虚拟世界。归根结底，我们生活在现实世界，每天都会与父母见面，偶尔会遇到陌生人并与其交谈，从而获得自己需要的东西（无论是物质上的还是心理上的）。最终，我们不能只发短信，必须回归到面对面沟通的原点上去。短信不能完全取代面对面沟通，这就意味着我们必须培养情绪控制能力。

为什么家庭成员之间很难亲密沟通

在参加聚会时，我偶尔会听到一个人问另一个人：“你原本就不爱说话吗？”听到的回答大多是：“我跟关系好的人在一起时话挺多的。”不过，关系好的人是谁？是父母、朋友、同事，还是认识的其他人？显然，我们往往跟朋友聊得最多，也会跟同事或认识的人说一些话。我们跟后者聊的是共同的工作、周围发生的小事或者开一些无伤大雅的玩笑。那么，孩子跟父母又是怎样沟通的呢？父母与孩子是彼此认识时间最长、最了解的人，是比其他任何人都更希望彼此幸福的人。

然而，我们是否认真地跟孩子聊过人生的价值、未来的计划、爱与离别的相关话题？是否互相开过一些索然无味的玩笑？如果回想一下我们跟孩子说过多少话、聊过哪些话题、聊到自己时说了些什么，我们会发现这些画面并不是那么明媚灿烂。

我们来设想一下家庭中常见的场景：爸爸坐在或躺在沙发上看电视；妈妈坐在沙发上玩手机，或者在厨房里忙来忙去；孩子在自己的房间里学习或玩游戏。而在另一个家庭中，爸爸在厨房做饭，妈妈在打扫卫生，孩子坐在沙发上玩手机。那么，父母又会对孩子说些什么呢？可能是“吃饭”“别玩游戏了”“作业做完了吗”“明天干什么”之类的日常对话。

现在我们再来想象一下围坐在餐桌旁的一家人。他们会说些什么呢？是否会说些诸如“最近怎么样”“今后想做些什么”“有没有让自己苦恼的事呢”“我想去旅行”“跟朋友之间有点矛盾”“争取多抽点时间努力”这类分享彼此情感与想法的话？对于某些家庭来说，进行这样的对话很容易；而对于另一些家庭来说，却十分困难。造成这种差异的原因在于家庭成员之间的亲密程度不同。既然如此，只要家庭成员之间的关系亲密，就能畅通无阻地对话吗？那也未必。

意思表达不明确，很容易被孩子误解

我们与他人之间的关系越亲密，就越有把话说得含混不清的倾向。我们会亲切、详细地向陌生人说明自己的想法，可面对关系亲密的人，往往忽略了许多细节。共同拥有的经历越少，话就会说得越详细、具体。相反，如果共同拥有的经历比

较多，我们就以为对方很了解，因此只把重点放在新信息上，我们的话也就跟漏洞百出的信一样模棱两可。这种不明确地表达心意的倾向在关系亲密的人之间非常常见。因此，越亲近的人之间产生误会的可能性就越大。孩子是跟我们亲近的人吗？父母大都会回答：“是的。”那么，我们很有可能因为跟孩子亲近而省略一些话，特别是那些诉说心声的话，导致彼此的误会加深。

在与关系亲密的人交谈时，我们会说“当时那个”“之前看到过的”等模棱两可、含混不清的话，还常说些“我不说你也懂吧”“有必要说吗”之类的话。“心心相印”或“不言而喻”这些词语成为衡量亲密程度的标准。因此，由于话说得模棱两可，双方互不发问的情况逐渐增多，误会也就会累积得越来越多。假如对方不明确地表达出自己的内心所想，我们就得调动自己的经验和知识去推断。这就像对方出了记忆和推理题，由我们来解答一样。没有多少人喜欢考试。如果有人问：“知道我在说什么吗？”我们当然会回答：“知道。”而且，如果对方最后知道我们没有正确理解其意思，他还会指责我们欺骗他或者敷衍他。由此可见，如果没有得到正确的答案，关系就有被动摇的危险，沟通也会受阻。要想使沟通成为愉快的经历，而不是试探，语言表达就必须达到让人不费心思就能自然而然的理解的程度。

我们往往喜欢不劳而获，想尽可能地少消耗自己的能量。显然，孩子们也一样。

我们之所以想了解自己和他人的内心，是因为相信了解内心就可以解释行为。当能够洞察自己和他人的内心时，我们就会感到这个世界是安全的，是可以灵活应对的。了解内心的方法有两种：一是我们每个人都能洞察自己的内心；二是我们自己与他人彼此表露真心。表露真心最有效的工具就是“语言”。我们生来就有说话所需的“装置”，不过，如果我们想准确地用语言表达自己的想法，就必须积累经验和接受训练。

第2章 洞察孩子内心的关键：愿望、意图和信念

“儿子，把我葬在池塘旁边吧！”
“我现在要出石头啦！”

池塘边上住着一对青蛙母子。青蛙儿子从来不听青蛙妈妈的话，妈妈让他往东，他偏偏往西。有一天，青蛙妈妈病倒了，她担心死后自己的墓地会被雨水冲走，就给儿子留下了遗言——要求儿子在她死后，把她葬在池塘旁边。从来不听话的青蛙儿子觉得至少应该遵从妈妈最后的遗愿，就在池塘旁边为妈妈建造了一座墓地。从此，只要一下雨，青蛙儿子就会“呱呱”地哭，担心妈妈的墓地被雨水冲走。

青蛙妈妈给不听话的儿子留下遗言——把她葬在池塘旁边，也在情理之中。在我看来，青蛙妈妈的内心世界是这样的："我想被葬在山里（愿望），可那小子总跟我唱反调（信念）！那么，我就把话反着说（意图）。"大概是因为带着这样的信念，青蛙妈妈才说出了"儿子，把我葬在池塘旁边吧"这样的话。遗憾的是，青蛙儿子在最后一刻都没有明白妈妈的心思！

接下来，我们想象一下玩"剪刀石头布"游戏的情境。从听到"我现在要出石头啦"这句话的那一刻起，我们的大脑就变得复杂起来。这种试图通过说"剪刀石头布"这种方式来迷惑对手的策略，在年幼的孩子那里通常是行不通的。当然，这种策略在不会被他人的言语左右、根本不考虑对手意图的人那里，通常也行不通。然而，大多数人都会思考对手说的话里面隐含的意图，即"我知道你希望我不听你的话。既然如此，我该出什么呢？"

我们越想洞察对手的心思，就越觉得自己陷入了更深的迷宫。对手有多了解我？更重要的是，我到底是怎样的人？是该相信对手的话，还是该反其道而行之？此时此刻，"剪刀石头布"已不再是单纯的游戏，而是需要洞察对手内心的复杂心理学推理题。

将"剪刀石头布"游戏弄得如此复杂的人，心里到底是怎么想的？这个人为什么这么说？他是想自己赢，还是希望对手赢？

也许这个人只不过想让对手的思维陷入混乱，希望让对手在听到自己的话后出“布”而已。他相信，对手清楚他有多正直，知道他不会使用“障眼法”。可事实却与他的愿望和意图相反，对手的心中是忐忑而混乱的。也就在此时，这个人才意识到自己的信念是错误的。原来，他坚信“我连自己都可以骗”！如果他失望而愤怒地说：“你不相信我！我不是骗子！”对手反而会产生困惑：“这不就是一场游戏嘛，你可以撒谎啊！”

通过这个过程，我们可以知道对方的想法；同时也意识到，我们洞察他人内心的方式应随着情境的改变而改变。我们要像青蛙妈妈、玩“剪刀石头布”游戏的人那样，洞察自己与对方的内心，预测对方的行为。如果想洞察某个人的内心，就问那个人：你期望什么？相信什么？想做什么？

错误信念与行为之间的关系

在职场中打拼的30多岁的孝善最近几乎每天都跟东妍见面。东妍是孝善的高中同学，最近两人又重新开始见面了。每当孝善遇到困难，东妍都会在身边安慰她、关心她，把她的事当成自己的事。有一天，东妍满面愁容地说住在另一个城市的弟弟出了交通事故，本该赶紧去弟弟那里，可住院费还没着落，所以十分担心。孝善把自己身上所有的钱和向周围朋友借的钱凑在一起，都给了东妍。东妍对孝善表示感谢，还说“回来后会立即还钱”。可是过去好几个月了，东妍一直没有出现。

孝善开始担心：“是不是东妍的弟弟出了什么意外？”但是有一天另外两个高中同学尚然和京敏来找孝善。尚然说：“你听说东妍的事情了吗？听说她到处骗朋友的钱。

不知道有哪些傻瓜被骗了，真可怜。我以前就知道这个人会搞出些事情来。”接着京敏说：“谁能提防住那些有意给你下套的人？东妍不是对谁都很亲切嘛。换作是我，也会上当。”

孝善心想：“不可能，我很了解东妍，至少她不会对我这样。”尽管有证据表明孝善的信念是错误的，可她仍然相信东妍。因为如果承认被骗，不仅自己成了所谓的“被骗的傻瓜”，跟东妍在一起的所有时间、记忆和回忆也会一起失去。痛苦不堪的孝善再次回顾了东妍的行为，最终承认自己的信念是错误的。

类似的故事我们可能至少听过一次 。我们会骗别人，别人也会骗我们；而我们的谎言，有时意图并不纯良，有时却又是善意的。无论有何种理由，没有人喜欢被骗。因此，我们都在寻找识破骗局和谎言的策略。但从迄今为止的结果来看，我们“探索”到的策略似乎均不见成效。因为谎言是骗人者和被骗者的“共同作品”。谎言的核心是错误的信念，因此，谎言很好地体现了心灵是如何起作用的。前面提到的故事就与四个人的内心世界有关。首先，我们来看看孝善的错误信念。孝善相信东妍是个好人，认为东妍在自己面前的所有行为均出于善意；孝善在听到尚然的话之前，都没有意识到自己的信念是错误的。

其次，我们来看看东妍的谎言。说谎是有目的性地去欺骗他人的行为。要说谎就必须洞察对方的内心。东妍深知说什么话、怎么行动，孝善就会相信自己。东妍是出色的心智能力拥有者，但表现出来的却是这一能力的消极方面。东妍知道，一旦获得孝善的信任，让其进入骗局就会很容易，因此偶尔对孝善发发脾气，说些带刺的话，也没什么关系。因为基于孝善认为的“东妍是个好人”的信念，即便东妍的行为再无礼，孝善也会将此曲解为对方对自己推心置腹的表现。

再次，我们来看看尚然和京敏的内心世界。这两个人是否清楚孝善和东妍的关系，仍未可知。我们先假设尚然知道，京敏不知道。尚然无意中做出了无礼的行为，而京敏的行为就顾及了孝善内心的感受。这里值得关注的是，如果理解了错误信念和行为之间的关联性，就能明白原委，为对方着想。

最后，我们来仔细探讨一下尚然的行为可能会对孝善产生何种影响。尚然说出的话让人觉得她似乎对东妍的双重人格十分了解。其实，她也不是百分之百地了解。我们都习惯于在一切曝光之后说出“就知道会是那样”这种话，这就跟看了参考答案再答题一样。知道了答案再解答问题就容易多了。比起“先见之明”，这可被称为与其相反的“后见之明”。尽管尚然的话是纠正孝善错误信念的线索，但从另一方面看，这也伤害了孝善。孝善相信，尚然可能不知道东妍与自己的关系，所以孝善不会认为尚然指责受骗人的话是针对自己说的。尽管如此，尚然的话让孝善难以启齿自己的境遇。

这是一个关于我们心灵的故事，是一个关于愿望、信念和意图的故事，也是利用了错误信念的负面例子。我在这里想说的不是错误信念的危害，而是我们应了解错误信念与行为之间的关系。得益于这种能力，我们才能解释和预测他人的行为；更进一步地说，它能让我们懂得为何自己的信念也有可能是错误的。孝善通过尚然知道了自己的信念是错误的，她可能会产生“这个世界上就没有一个值得相信的人”的想法。然而，孝善的这一经历会对自己产生何种影响取决于她自己。孝善可能再也不相信这个世界上的一切，并带着厌世的倾向看待这个世界；或者会反思自己心中那个理所当然的信念，进而产生了具有批判性与建设性的个人观点。如果你是孝善，会怎样做呢？

心智能力是如何发展的

行为由心而发

人类的心智在何处？当我们被要求指出自己心智的位置时，通常都会指向心脏所在的胸部或大脑所在的头部。因为我们相信，心智是从我们体内产生的。脑科学家解释说，大多数心理特征源于大脑中的器官或神经网络，如人格、智力、情感和记忆，所以他们的手会指向头部。相反，社会心理学家认为，大脑只是心智的一个“装置”，心智的内容来自社会经验，他们的手会指向他人。

在我们的大脑中，尽管布洛卡区（broca's area）和韦尼克区（wernicke's area）主管语言，杏仁体（amygdaloid body）主管情绪，海马体（hippocampus）主管记忆，但幼年时期没有语言经验的孩子几乎不会说话，没有跟着爸爸去野外露营经验的孩子也几乎不会有相应的记忆。虽然看似理所当然，但大脑和社会经验的“共同作品”正是我们能感受到的心智。最终，“心智存在于胸”这种想法更近似于一种文学的象征，而非科学的解释。

“心智在何处”这一问题的基础是“心智是存在的”。用手指出位置的人，尽管对“心智在何处”有不同的看法，却承认“心智是存在的”这个观点。

有些心理学家试图通过“你的内心指向谁（或你的内心指向什么）”这个问题揭示心智的本质，致力于研究我们如何理解心灵，并给它起了一个极具魅力的名字——“心智能力”。他们的出发点是假设“内心指向某处”，称之为“心理活动的指向性”。当我们的内心指向某人或某物时，就意味着我们“期待他（她/它），相信他（她/它），为了拥有他（她/它）而制订计划”。这样的心理最终会以行动来延续。父母的内心会指向孩子；恋人的内心会指向所爱的人；饥饿之人的内心会指向食物。然后，我们会朝着这个方向——心之所向去追随。**换句话说，“行为由心而发”**。这种信念仅仅是心理学家拥有吗？不是的。几乎所有的人都拥有这种信念。

正确预测并建立关系

1978 年，灵长类动物学家戴维·普雷马克（David Premack）和盖伊·伍德拉夫（Guy Woodruff）提出，如果他人有类似于想要什么或思考什么、相信什么的心理状态，我们会借助这些心理状态来预测自己和他人的行为。**基于我们借助愿望、信念和意图等心理状态来预测和解释行为**，戴维·普雷马克和盖伊·伍德拉夫便以“心智能力”命名。简言之，我们创建了“行为由心而发”这一非常简单的理论，用于解释和预测复杂的人类行为。得益于这种心智能力，我们能够理解他人与我们不同，他人有着独特的信念与期望；能够通过解释与预测他人的行为参与日常生活中的社交互动。心智能力这个“心理装置”之所以最初就存在，也是为了让我们能够与他人和谐相处。这可以从儿童也有这种能力的事实中得到证明。有研究结果表明，甚至连 18 个月大的婴儿也拥有一些基础的心智能力。

在解释人类行为时，最需要了解的核心心理状态是意图、愿望和信念。我们应聚焦于想要什么、相信什么、有何意图。例如，看到一个孩子把手伸向餐桌，我们会认为孩子正试图抓取餐桌上的食物。因此，孩子的行为被解释为意图。

想象一下，如果有人向你伸出手，那么这个人是想握手吗？他是想要什么东西吗？或者他想把你衣服上的东西摘下来吗？

有时候我们会因没有正确理解对方的意图，最终做出出乎意料的反应。假如对方是因为想从你这里拿到卡片才伸出手，而你却跟对方握手，对方会不知所措，你也会非常尴尬。幸运的是，这种让人脸红的事情极少发生，又或许是对方装作不知道。连小宝宝都能分辨出父母的行为是有意为之还是纯属失误。

艺术作品中的心智能力

心智能力不仅仅是建立人际关系和生活所必需的，也被用于创作和欣赏艺术作品。正是由于这种能力，我们才能因莎士比亚的喜剧和悲剧而时喜时悲。我们试着回想一下《罗密欧与朱丽叶》中的死亡场面。实际发生的事件很简单。罗密欧去了朱丽叶那里，发现了像死了一样睡着的朱丽叶，于是他立即就结束了自己的生命。将这一事件变为一场悲剧的，正是我们的心智能力。我们知道，朱丽叶是吃了能使人进入深度睡眠状态的药才看起来像死了一样。除此之外，我们还知道，因为各种事件逐渐偏离方向，才导致罗密欧没能听到朱丽叶的计划。因此，我们明白，为什么罗密欧在看到睡在墓穴中的朱丽叶时会产生错误的信念，为什么这种错误的信念会导致他选择了结束自己的生命。悲剧并非罗密欧结束生命这一“事实”，而是造成这一惨剧的原因。如果不明白原因，我们就不会悲伤和叹息。同理，也正是得益于借助愿望、信念、意图等心理状态来解释行为的心智能力，我们才能够理解并欣赏世界上的喜剧与悲剧。

从孩子的言行中洞察其内心

怎样才能知道孩子是否拥有了心智能力呢？一个孩子跟自己不熟的大人面对面坐在桌子旁。孩子的身边放着分别装有巧克力和西蓝花的盘子。大人一言不发地盯着西蓝花看，孩子则盯着大人看。这时，我们示意孩子把大人想要的东西给他。孩子会给哪个盘子呢？根据我们的推测，可能会给装有巧克力的盘子。因为我们知道，孩子会挑选自己喜欢的东西作为礼物送给他人。例如，选择自己最喜欢的鳄鱼娃娃作为礼物送给奶奶，或者选择自己喜欢的气球作为礼物送给爸爸。孩子之所以会有如此可爱的行为，是因为他还没把自己与他人的心灵区分开来。（不必惊讶！实验中，18 个月大的小宝宝选择的是装有西蓝花的盘子。）

我们来推测一下递巧克力盘子的孩子的心理。孩子可能是这么想的“我喜欢吃巧克力。他人也会像我一样喜欢吃巧克力”，或者“哇，西蓝花。世界上没有人喜欢西蓝花”。这是个必须二选一的简单情境，也是能了解孩子心智能力的好机会。

父母的职责之一是从孩子的行为中寻找出意义。**父母的心智能力越高，就越善于从孩子的行为中洞察其内心。**

成人是否更善于洞察他人的内心

现在，假设你身处前面的这种场景中。你跟一个第一次见面的陌生人面对面坐着，餐桌上分别放着装有巧克力和西蓝花的两个盘子。陌生人让你把盘子递给他。你会递哪个盘子呢？也许你会先问对方喜欢什么或想要什么，但如果处于无法提问的情况，该怎么办？如果是认识的人，还可以借助过去的经验去推测他可能喜欢哪一种，可现在面对的是陌生人，你可能会借助当下可以利用的信息和常识进行推测。

首先，关注对方的年龄和性别信息。“年纪越小通常越倾向于吃甜的、好吃的食物，年纪越大通常越倾向于选择对健康有益的食物”“女人通常比男人更喜欢吃巧克力”“虽然男人通常不喜欢西蓝花，但它应该比巧克力好一些”。其次，最引人注目的是对方的体格。相比于巧克力，大部分偏瘦或稍有肌肉的人估计更愿意选择西蓝花。你可以以自己掌握的知识和信念为基础，来推断对方喜欢什么或者想要什么。

尽管如此，问题依然存在。是给对方喜欢的还是他想要的？虽然对方喜欢吃巧克力，但此时他想要的也许是西蓝花。你的选择呢？经过深思熟虑，你给了对方喜欢吃的巧克力。在这一选择中，你喜欢什么和想要什么都不重要。现在你把他人的想法与你自己的想法进行了区分，并将其分别应用于各种不同的情境中。因为你明白“心”如何由“行”来延续。

显然，与儿童相比，成年人能够以更复杂、缜密的推理来洞察他人的心理。这是因为成年人与他人接触的经验更多，智力更发达。成年人在推测他人心理的时候，会使用与心理相关的知识及当下可以利用的一切信息。刚开始是确认对方的年龄与性别，接着就会活用与之相关的知识来推测对方的心理。

随着年龄的增长，我们一次性可以处理的信息量会逐渐增多。随着长大成人，我们一次能够探究更多的内心活动，因而能更准确地洞察他人的内心。

孩子也能理解他人错误的信念

现在假设我们和孩子同在一个正上演木偶剧的剧院里。

> 一头熊和一只狐狸进入一个房间。熊把画着红色星星的球放进篮子里。过了一会儿，熊离开房间。狐狸把熊放进篮子里的球拿出来，放进抽屉里。这时，暂时离开的熊回来了。熊想玩球，它到处找球，最后向篮子走去。
>
> 看到这一幕的孩子会作何反应？当熊试图找球时，一个孩子咯咯地笑了起来；另一个孩子看到熊在篮子里找球，吓了一跳。“不，球在抽屉里。”他喊道。

这两个孩子有何区别？前一个咯咯笑的孩子明白，熊产生了错误的信念，并预测出它会基于这一错误的信念做出“愚蠢”的行为。这个孩子能区分出熊的信念（“我把球放进了篮子里，最后我看到球所在的地方是篮子里，所以球理所应当在篮子里”）和自己的信念（“我看到球被拿走了，知道球在抽屉里”）。这种情境就是测试错误信念的经典实验“意外地点任务”（unexpected location task）。

有些孩子对熊在篮子里而不是抽屉里找球感到惊讶，这源于他们不理解错误的信念和行为之间的关系。换句话说，这些孩子无法洞察他人的内心。

孩子也有辨别表象与真象的能力

测试心智能力的方法之一是意外地点任务（unexpected contents task，也被称为“smarties 任务”，“smarties”为巧克力品牌）。小时候，我们都有过这种失望的经历：饼干盒里放的是袜子，糖果盒里放的是盐。我们之所以失望，是因为没能亲眼看到妈妈放袜子或盐。妈妈在想象我们悄悄地靠近饼干盒并左顾右盼地打开盒盖时的样子，甚至可能还会幸灾乐祸。爸爸说不定也跟我们开玩笑，故意把盐放在糖果盒里。

在测试心智能力的实验中，研究人员把铅笔放进了“smarties”巧克力盒里，然后问没有看到这一幕的孩子：“你认为盒子里装的是什么？打开盒子时有什么感觉？”

看完这个实验，心智能力高的孩子会这样回答："他会期待里面有巧克力，但打开盒子后可能会感到失望、伤心。"这些孩子洞察到了小伙伴的内心（错误的信念）！与之相反，心智能力欠缺的孩子会这样回答："因为他知道里面装着铅笔，所以不会失望。"这些孩子就没能洞察小伙伴的内心！

能理解饼干盒里装着袜子或巧克力盒里装着铅笔的孩子，懂得表象与真象可能有所不同。这也是社会认知能力的一种。

此外，还有这样一个实验：向孩子展示一张戴着狗面具的猫的照片，问孩子它是狗还是猫。通过这个看似恶作剧的实验，可以测试孩子辨别表象和真象的能力。到 4 岁时，孩子就能辨别表象与真象可能有所不同。他们看到戴着狗面具的猫会回答"是猫"。

年幼的孩子是"本质主义者"。他们似乎相信，一切事物都有其不变的本质，猫的本性不能被面具改变。显然，我们从小就有不被外表蒙蔽双眼的能力，但我们一生却不断地被外表所迷惑。由于我们懂得外表的强大力量，才会化妆、装修和包装。"我认为设计很重要"也可以理解为"我很容易被外表欺骗"。

再回到心智能力。我们正是借助这一能力才明白，显露于外的表情、行动、言语可能会与我们实际感受到的情绪有所不同。人在生气或悲伤时，也可能会笑。不懂得区分真象与表象不同的人会感到困惑。尤其是对于那些心智能力较弱的人来说，这是一个复杂的谜团。

在电影《证人》中，有一位患有孤独症谱系障碍（Autism Spectrum Disorder，简称ASD）的少女通过母亲的面部表情来学习情绪。然而，在日常生活中，我们看到他人的面部表情有时与他们的情绪不一致。这让少女陷入了困惑。她的朋友总是面带微笑，却并非真的喜欢她。朋友面带微笑只是因为少女需要得到照顾。

这位少女因无法洞察他人的内心而经历的混乱日常，我们能否感同身受呢？我们之所以能在真象与谎言交织的世界中生活下去，是因为我们有心智能力及辨别表象与真象的能力。

说谎——孩子洞察他人内心的信号

假如我们了解别人的想法，会做得更好吗？不一定。无论是进入社会的成年人，还是天真无邪的孩子，都会利用他们的心智能力为自己谋取利益。**遗憾的是，孩子洞察他人内心世界的信号之一就是说谎。**只有知道别人在想什么，才有可能采取相应的行动。

在一个安静的教室里，一个孩子坐在课桌前。老师说："今天的考试难度很大，想考好不容易。"突然，老师的电话响了，接完电话的老师说："我有急事，要出去一会儿，千万不要看老师桌上的参考答案。"说完就离开了教室。孩子会怎么做？在这种情况下，虽然许多孩子会苦恼片刻，可最终还是会去看参考答案。这里值得注意的是孩子们的分数。有的孩子得了 100 分，有的孩子得了 90 分。

换作是你，会怎么做？哪些孩子的社会能力更强呢？

我给我的学员讲完这个故事后，他们问："得 100 分的孩子和得 97 分的孩子，谁受到处罚的可能性更大？"一部分学员认为得 100 分的孩子更有可能受到处罚，同时指出，得 97 分是更明智的做法。另外，他们还给出了解释：得 97 分的孩子洞察出了老师"认为题目很难"的心理，所以他们故意做错了一两道题。这样回答的学员站在第三人的角度，把老师和孩子的内心世界看得清清楚楚，把情况理解得非常透彻。

孩子会借助推测他人信念来行动

心智能力几乎在我们日常生活的方方面面起着作用，它能使我们所经历的世界变得不同。它还能使我们对父母和朋友甚至电影和电视剧中人物的评价发生改变。

一个孩子正在看电视剧，他看到某一集里成为俘虏的军人告诉了敌军自己部队所在的位置，于是就骂那个军人是叛徒；但另一个孩子却推测，这实际上是这个军人骗敌人的聪明做法。在下一集中，果然出现了敌军攻打其他地方的场景，而这个地方不是被俘的军人说的地方。结果，推测正确的孩子兴奋不已，说道："被敌军俘虏的军人果真打算利用敌军不相信自己的话这一心理。"而推测错误的孩子可能会陷入"怎么就去了另一处地方"的困惑中，或者怪编剧把剧本写得如此奇怪。

对于同一个故事，两个孩子给出了不同的解释，并有着不同的体验。两个孩子都是借助他人的心理来预测其行为，结果一对一错。我们如果预测正确，就会觉得这个世界是安全的；如果预测错误，则会感到慌乱、焦虑不安。

我们不仅知道一个人的心中怀着何种信念，还知道这个人会借助推测他人的信念来行动。孩子也一样，他们懂得洞察妈妈爸爸的想法后再行动。例如，如果妈妈给爸爸一个里面包着大蒜的饺子，孩子会明白"妈妈知道'爸爸会相信饺子里有肉'"，还明白这是让爸爸上当或逗爸爸玩儿的行为。于是，孩子忍住不笑，跟妈妈一起等着爸爸吃。你一定感到很奇怪，孩子怎么如此了解家庭内部的事情？

洞察孩子内心世界的钥匙

父母最想了解的是孩子的意图、愿望和信念——孩子打算做什么，想要做什么，相信什么？同样，孩子也想了解父母内心世界的这三个方面。

为什么孩子会隐藏自己的意图

与行为直接相关的心理状态之一是意图，那么我们假设，每个人的行为都带着某种目的性或意图。我们就会非常想要知道别人的意图，但却又无法透彻地了解。因为我们经常会隐藏自己的意图，我们知道暴露意图后会带来风险、承担责任。例如，孩子即便制订了学习计划也会避而不谈，因为从说出“我打算从明天开始学习”的那一刻起，他就要承受来自父母的巨大心理压力——“做哪本习题集？”“为什么不从今天开始学习？”

众所周知，世界上没有一成不变的事物。在将计划付诸行动之前或第二天到来之前，好好学习的想法也可能烟消云散。或者一个人即使好好学习了，也没有提高成绩，那么，周围的人可能会觉得他可怜，也可能会嘲笑他。因此，内心怀着愿望的人在有计划地实施之前，会研究各种后果的可能性。也正因为如此，我们在表露自己的意图时会小心谨慎，有时还会将意图隐藏起来，所以我们很难准确地了解他人的意图。

孩子的意图是其行为的“晴雨表”

与“意图”意思相近的词语还有“计划”或“决定”。“有某种意图”意味着为了实现某个目的而做出某种行为。由于“意图”是最接近“行为”的心理状态，所以我们在解释或理解行为时，就会问“意图是什么”或“目的是什么”。

当孩子显得与平时有所不同，自己打扫卫生或很听话的时候，父母会问“你有什么目的”或“你想要什么”。孩子可能是想要游戏机，也可能仅仅是想让父母高兴。

让我们走进孩子的内心世界——“我想要一台游戏机”（愿望）；“妈妈有能力买一台游戏机”（信念 1）和“妈妈心情好

的时候很大方”（信念 2）。随着愿望和两种信念同时起作用，孩子制订了具体的行动计划——“做完让妈妈高兴的事情以后，跟她说给我买一台游戏机”（意图、行动计划）。尽管孩子有想要游戏机的愿望，但如果父母经济上不宽裕，孩子可能不会实施行动计划，抑或会制订其他行动计划，如找一份兼职，等等。因此，不能仅仅凭孩子的愿望解释其行为。

意图和愿望是两个不同的概念。愿望就是，虽然我们希望某个朋友成功，却不为他的成功做任何事情，只是等待那一天到来。但是，**我们可以让愿望成为意图，并付诸行动**。为了让某个朋友获得成功，我们可能会为他加油，也可能会给他提供物质上的帮助，为他的成功助力。**愿望和意图的区别就在于：一个是想法，一个是行动**。如上所述，如果知道某人的意图（计划），就能更准确地预测出他下一步会做什么。

那么，我们是否清楚自己的意图？一般来说是比较清楚的。因为制订计划是一个有意识的过程。但有时我们也并不清楚自己的愿望或信念是什么。尤其是信念，它通常不会外显出来。我们可以想办法了解隐藏于内心的愿望和信念，那就是利用意图。意图就来自这些愿望和信念。因此，一些时候我们可以从意图着手，用逆向思维来了解信念和愿望。

意图：“为了保护孩子，我打算亲自接送他上学和放学。”

愿望：“我希望成为好妈妈（爸爸）。”

信念：“好妈妈（爸爸）要时刻保护孩子，让他免受伤害。”

孩子也会重视意图，而非结果

我们是从什么时候开始明白他人意图的？时间比我们预想的还要早。从儿时起，我们就已经能明白他人的意图了。甚至在我们 18 个月大时，就常常会模仿有目的性却失败的行为，而不是偶然成功的行为。显然，意图和偶然是有区别的。

在一项实验中，研究人员给孩子们看了成年女性把小棍子插入小孔里的视频。其中一群孩子看的视频是：一位女性很想把小棍子插进去，却不断失败。该女性在屡次失败后，带着惋惜的表情说：“很难插进去。”另一群孩子看到的视频是：一位女性十分偶然地把小棍子插进了小孔。该女性在成功后，惊讶地“噢”了一声，然后笑了起来。在观看不同影像的孩子中，后来真正去独立尝试将小棍子插入孔中的是看到了那位极尽努力却失败了的女性的孩子。

在另一项实验中，研究人员对孩子模仿机器人和人类行为的程度进行了比较。当时机器人的任务成功完成了，而人类的任务却失败了。孩子们模仿任务失败的人类行为多于机器人。从研究结果来看，即便是 18 个月大的幼儿，看重的也是意图，不是结果，他们似乎知道意图不是机器人而是人类的特征。我们在幼时就能明白他人的意图，因为他人的意图在我们的一生中真的会起到重要作用。

和孩子沟通时要清晰地表明意图

虽然表明意图有时候会带来风险，但在有些情况下，我们可以通过向对方表明自己的意图取得成果。**特别是父母在与还不太懂如何表情达意的孩子沟通时，最好明确地表达出自己的意图。**

正如之前提到的，我们通过对方的面部表情和手势来洞察其内心。然而，孩子对此并不擅长，再加上手势和面部表情有时模糊不清，或者会提供错误的线索，这反而可能导致他们无法洞察他人的内心或者产生误解。例如，如果生气的父母装作毫无怒气，那么孩子真的会误以为父母外露的表情和行为都是真实的。

我们来想象一个场景：

> 一位想跟孩子一起玩的爸爸说：“××啊，来这里！”爸爸在说的同时却带着一副生气的表情（很多韩国人都面无表情，而我们经常会将无表情解读为生气），而且声音特别大……

孩子会如何解读这位爸爸的言行？“爸爸叫我的意图是什么？对我来说，这是好事还是坏事？”首先，爸爸的面部表情和声音传递出的信号都不是正面的。“爸爸是要批评我才叫我的！”孩子犹豫地走向爸爸。而如果孩子没有看到爸爸的表情，没有注意到爸爸的声调，就会根据以往的经验进行解读——“是想送我礼物吗？”“发生了有趣的事情？是想让我看看吗？”“是不是我做错了什么事，所以要教训我？”，等等。

尽管这位爸爸叫孩子的用意是跟孩子玩，可误会了爸爸意图的孩子犹豫不决、动作迟缓。看到孩子表现得那么不情愿，爸爸感到难过，同时也因为孩子不听从自己的指示而愤怒，最终导致最初的意图在不知不觉中被抛到脑后。

如果这位爸爸从一开始就说“××啊，跟爸爸一起玩吧。爸爸很想跟××一起玩呢！爸爸准备了有趣的游戏哦”，那么，他的意图早已准确地传递给了孩子。

爸爸清晰地表明了自己的意图，孩子也就会表露自己的真心：“我并不是讨厌爸爸，而是以为爸爸要教训我。”如此，爸爸也就知道了孩子表现得犹犹豫豫的原因了。**跟孩子沟通的时候，如果父母能明确地表达自己的意图，就能收到很好的效果。**即使不能温柔而亲切地说出来，也要如实地把自己的真实想法告诉孩子。

担心被孩子排斥，父母也会隐藏意图

遭到拒绝，我们的自尊会受到伤害。不管是谁，遭到拒绝都会如此，即便是被宠物狗或像电脑那样的机器排斥，我们也会泄气或发脾气。因此，被孩子排斥的父母自然会感到很受伤。那么，为人父母者应清楚地认识到：父母也会因为担心被孩子拒绝或排斥而将自己的意图隐藏起来。

在这个前提下，我们在跟孩子沟通的时候，不免会怀疑，某些看似简单明了的话语背后是否隐藏着某种意图？尤其是年龄大一点的孩子，会因为父母打电话过来问了一句“你在哪里”而恼火。“干吗总是问我在哪里”孩子从这个问题出发，洞察到了父母隐藏的意图——想要监视或干涉自己。“干吗老打电话？妈妈（爸爸）不相信我，所以想监视我吗？”

那么，父母打电话的真正意图或目的是什么？可能是想听听孩子的声音，想知道孩子跟其他小朋友相处得好不好，想确认孩子是不是在学习，抑或担心孩子有没有危险，等等。原因比孩子想象的要多得多。如果父母把打电话的理由或提问的意图如实地向孩子和盘托出，肯定比反问孩子“怎么了？问都不行？有不可告人的理由吗？”更有效果。即便父母只是说“打电话是想知道你现在安不安全”这句话，也能消除孩子的误解。如果以后还有静下心来沟通的机会，那时再说清楚也不迟——“最近因为恶性事件频发，我感到很不安。虽然相信你，可是如果你很久都没跟我联系，我会以为你出了什么意外，为了确认你是否安全，才给你打了电话。”

大多数父母站在了监视与保护的警戒线上。有时候，父母的想法会越过保护的界限，进入监视范围，甚至会混淆自己所处的位置。假如连父母自己都未察觉到的意图被孩子发现了，父母最好尽快意识到。即便是成年人，有时候也意识不到自己的真正意图。

因为我们会将意图隐藏起来，所以我们有时候甚至会自己都弄不清自己的意图。**意图处于心灵的中心位置。我们总是想知道他人的意图，然而，我们也需要搞清楚被自己藏起来的自己的意图**。例如，我们不清楚自己的习惯性行为的目的。当问自己“为什么”做这件事情时，如果我们用“不为什么”来回答，就意味着我们不清楚自己的意图。假如别人怎么说，你就怎么做，你的意图可能是“为了得到他人的认可”。你试着问问自己：“我带着怎样的目的？通过这一行为想得到什么？我有怎样的打算？”在这之后，你就能发现被自己隐藏起来的意图。

父母说“做你想做的事情”背后的真相

父母应该成为未来学家。孩子未来将要面对的生活最需要什么？我们应该为孩子做些什么？应该让孩子提前做好哪些准备？赚钱能力、交友能力、认识自己的能力、寻找幸福的能力、受人尊重的能力……

我们希望看到未来，却往往无法实现这一愿望。我们甚至不知道 5 年后的世界会怎样。就连明天会发生什么我们都无从得知，更别说 5 年后了，我们只能将过去作为一面镜子来推测或想象未来。

不幸的是，连我们所拥有的“以史为鉴”这一能力也在逐渐退化，因为“过去”正在失去可以预测未来的力量。在瞬息万变的社会中，许多事物的价值发生了变化，曾被认为是有价值的知识和技能，现在已经过时。可悲的是，父母掌握的经验和技能也是如此。

在一切都瞬息万变的情况下，父母虽然再也不能明确地给孩子指明目标或方向，但仍然会尽最大的努力帮助孩子为未来做好准备。现在的父母会对孩子说“做你想做的事情”“找到你喜欢的爱好”，而不是说“你需要这种能力”“学会了这个技能，你就能成功”。父母这么说的另一原因是，希望孩子过上跟自己不同的生活。像“我没能做我喜欢的事”“我总是必须满足他人的心愿”“过着被他人决定好的人生是不幸的”这类信念，现在已被“只有做自己喜欢的事才能幸福”“要按照自己的意愿生活下去”所替代。不过，**将父母的这些愿望与信念转化为行动的过程，比想象的更艰难、复杂。**

请试着从以下对话的场景中，体会父母说的“做你想做的事情”背后的真相。

父母：“我们不能强迫你做什么。你自己看着办吧。”

孩子："我该做什么？"

父母："做你想做的！做让自己幸福的事就行！"

孩子："嗯，我喜欢游戏。我想成为游戏博主。"

父母（不行！）："不必这么快做决定，你很快就会知道自己想成为什么样的人。"

孩子："我真的很喜欢游戏。我想成为游戏博主。"

父母："成为游戏博主也可以是一种业余爱好。游戏博主中没有像你这么小年龄的吧？你以后也可以成为游戏博主。先好好学习，怎么样？"

"失去"人生目标的孩子和父母的"两种愿望"

如果问孩子"你喜欢做什么？你想成为什么样的人？"，许多孩子可能会很无奈地回答："我不知道！"青少年心理学家分析称，现在的很多孩子已对"人生主导权"毫无兴趣，感觉一切都很乏味无趣。做出"只让孩子走在铺满鲜花的大道上"这一冲动决定的父母，正主导和管理着孩子的人生。父母几乎主导着孩子的每一个行为和时间点，不仅包括他们吃什么、穿什么、怎么睡，还包括跟谁一起玩、在哪里学习以及几点钟回家。被父母的这种过度关怀主导的孩子，会感到人生乏味而忧郁。假如知道孩子是生活在怎样一个环境中，就能够在一定程度上理解他们看似毫无热情的生活状态。

然而，对于孩子对生活“毫无热情”多多少少都该负些责任的父母却担心，如果孩子“太安逸”，容易导致他们丧失积极性和挑战精神。父母经常说：“如果孩子有想做的事情就好了。”一方面，父母相信孩子“做自己想做的事”才是人生的最高境界；另一方面，父母又在为帮孩子寻找到“他们想做的事”而东奔西走。父母尽可能地让孩子拥有各种亲身体验（运动、旅行、学习、演奏乐器等）的机会，并希望孩子的时间表被“有价值的事”填满。可是，有一天，孩子说想成为一个“油管”游戏博主，父母能真心的喜悦并对他表示祝贺吗?

我们告诉孩子：“只要是你喜欢的，我都喜欢！”有时候，作为“父母”的我们和作为“独立的人类个体”的我们想得到的东西不同。这就好像有两个“我们”在针锋相对。作为“父母”的“我们”希望孩子能做些所谓更好、更能得到社会认可的事情。

孩子并未意识到父母的“两种愿望”一直处于“交战”状态。而这“两种愿望”，使得孩子被父母变来变去的话语弄得摸不着头脑。

“到底哪些话才是真话？”“原来你骗我。”“只在嘴上说让我做自己喜欢的事，我就知道会是这样。与其装好人，还不如直说想要我干什么。”面对孩子的指责，我们的内心五味杂陈。我们不同的愿望、信念及意图会相互补充、对立和冲突。**行为就从这些错综复杂的心理关系中应运而生。付诸行动意味着选择了自己想做的事（让孩子做自己想做的事）。而我们内心真**

正的意图（让孩子做更好、更能得到社会认可的事）却被隐藏了起来。透过自己的行为能看清自己的内心，父母们需要认清自己拥有针锋相对的两个“我们”。

愿望是行动的动力来源

如果心理状态转化为行动的最后一步是产生意图，那么产生愿望就可以被称为“第一步”。为了实现目标而付诸的行动，源于某种愿望或由心而发的渴望。愿望是一种动机，而动机是推动我们前行的力量。然而，仅靠动机是远远不够的。

“我想成为有钱人”“我想幸福地生活”“我希望你成功”“我想成功”“我想去旅行”“我想成为好父母”“我希望世界和平”“我希望能对别人产生积极的影响”“我想揍那个人”“我希望那个人失败”等等。我们有许多愿望，而一些愿望彼此也会碰撞。例如，我们可能同时拥有“我想成为有钱人”和“我只想做一点儿工作”，或者“我想去听音乐会”和“我想跟朋友一起去登山”这类愿望。“我想跟朋友一起”的愿望和“想去登山”的愿望同时起作用，愿望就获得了转化为行动的力量。然而，并不是说有了行动的力量就能立即付诸行动。只有在评估完自己是否具备登山的体能，以及准备好登山必备的装备之后，才能真正实践登山这一行动。即便过程并非一帆风顺，但愿望总有一天会成为付诸行动的隐藏能量。

当父母对孩子的希望自相矛盾时

“我期待的东西很多：希望你做自己想做的事情，希望你能得到社会的认可。同时，我也希望自己得到他人的认可。可是，现在它们正在‘交战’，我需要时间好好整理整理！”

虽然我们因不同的愿望而陷入困惑，但并未意识到这些愿望是自相矛盾的。当愿望埋在心底时，我们往往无法发现它们缺乏连贯性或者自相矛盾。有一天，我们会对孩子说：“希望你做自己想做的事情。”又会在另一天对孩子说：“希望你能得到社会的认可。”如此反复，直到孩子选择职业道路或者到快上大学的年纪时，我们才意识到两种愿望其实是自相矛盾的。

我们再来回顾一下那个想当游戏博主的孩子。如果父母说“我希望你能成为一个被社会认可的人，可是游戏博主目前好像还不太被社会认可”，那么孩子就会联想到父母之前曾真心地对自己说过的话，并说：“你不是说过希望我能做自己喜欢的事吗？”那一瞬间，父母可能会因为感到尴尬和面子上挂不住，迁怒于指出他们的话自相矛盾的孩子。

在这种情况下，父母能做的就是尽快冷静下来，然后与孩子进行心与心的对话。首先，父母要承认自己的愿望确实自相矛盾。其次，要向孩子解释自己发火的原因：作为父母，感觉像是受到了攻击和指责。最后，就无理的迁怒向孩子道歉。不是说“对不起，我发火了”，而是要说“对不起，我误会你了”或“对不起，错不在你，而我却指责你”。而我们接下来要做的就是确定自相矛盾的愿望的优先顺序，并且在必要时二选一。

识别愿望和意图的练习

有时候我们会错误地将孩子的愿望解释为其意图。愿望是行动的可能性，行动有可能出于此，也可能不是。而我们往往会以自己的错误解释为根据去敦促孩子。我们会把孩子“想当医生”的愿望解释为其意图，并追问他想要攻读的专业，督促他制订学习计划。如果孩子又说现在不想当医生，我们就会批评他意志薄弱。

过分解读并将孩子的愿望解释为意图的父母，会让孩子不知何去何从。想当医生只是孩子众多愿望中的一个而已。当父母将孩子的愿望解释为其意图并试图推进时，孩子的愿望就变成了父母的目的。孩子失去了对自己愿望的主导权，压迫感就油然而生。从这一刻起，说不定孩子再也不会有愿望，或者闭口不谈自己的愿望。其实，只要承认愿望仅仅是愿望，更多的机会就会产生。

要想使愿望成为现实，需要经过一个相当复杂的过程。愿望、信念和意图会彼此产生影响。因此，父母在把孩子的愿望解释为其意图之前，还必须做一件非常重要的事——了解孩子是否有其他愿望或信念。例如，孩子说：“我想做游戏博主，可这个想法以后会不会变，我也不确定。”那么，父母只需把它看作是孩子众多愿望中的一个即可，在日常生活中跟孩子简单聊一些与游戏博主相关的话题就已足够。

孩子：“我想做游戏博主。”（愿望）

父母：“是吗？你为什么想做游戏博主呢？”（关于信念的提问）

孩子：“做游戏博主能挣大钱。”

父母：“要想做游戏博主，必须做些准备。你制订了哪些计划呢？”（关于意图的提问）

孩子：“有一部手机就够了。”

父母：“主要想拍哪方面的视频？”（关于意图的提问）

孩子：“拍有趣的。”

从这段对话中可以看出，孩子采取实际行动的可能性较高。在这种情况下，父母既可以支持孩子，也可以劝他放弃。父母的选择取决于对孩子的愿望、信念和意图的了解程度。以此为基础，可以推测出孩子将自己的愿望付诸行动的可能性有多大，还可以防止将孩子的愿望误解为意图的错误发生。

假如想改变孩子的想法，我们可以制订计划，把重点放在愿望、信念或意图及如何说服上。首先，如果把重点放在意图（计划）上，就可以让孩子关注有关实施计划的问题。其实这就是在向孩子具体解释为什么他的愿望成功的可能性较低。

其次，如果聚焦于愿望，逻辑上的争论已无多大意义，即便是指出问题和矛盾所在，孩子的愿望也不会有任何改变。“是的，这些我都知道。即便有问题，我也想做油管游戏博主。”说完便一锤定音了。这时，与其等待孩子把理由合理化，不如如实、直接地描述游戏博主的现状。最后，把说服的重点放在信念方面，并让它与其他信念进行“博弈”。例如，最好让“游戏博主容易挣大钱”与“我是要做有价值的工作的人”这两个信念形成竞争。最重要的是了解孩子的内心。只有这样，父母才能决定把沟通的重心放在哪些方面。

父母下定决心支持孩子时也是如此。父母不能毫无计划地对孩子说“你一定会成功的”，而是要在孩子的愿望、信念和意图中关注一个。只有这样，孩子才能感觉到自己是被理解的。

识别愿望和意图的练习

请用愿望和意图替换括号中的词语或句子。

· 我____________（让孩子们看到），我现在是多么出色的人，所以我_________（捐助）。

· 我_____________（让朋友们看到），我是多么自由的人，所以我____________（立刻去海边旅行），最终，我_________（旅行）。

· 我现在财务状况不佳，__________（赚）很多很多钱。我认为风险越高的股票，收益会越高。所以我________（购买）高风险的股票。

·据我所知，那个朋友______________（搬）去了济州岛。这是几天前有人告诉我的。

·据我所知，那个朋友明年____________（搬）去济州岛。

※ 小贴士：在表达愿望时，可在所给的词语前加上“想”；在表达意图时，可在所给的词语前加上“打算”。

“想”是一种复合心理状态

“干什么呢？”

“就是想想。”

“想什么呢？”

“各种事情。”

上面的日常对话看似很随意，可万一对方说“都不知道你在说什么，具体说说现在你在做什么吧”，反而令人很尴尬。我们经常反复说“不是说了嘛，我正在想，正想着呢”，意思就是我们已经解释得够清楚了。“想”这个词语本来就经常被使用，似乎不太可能有谁不知道这个词语。我们也会对孩子说：“想一想！”孩子一听到就闭上眼睛，用双手托着下巴，或者用双手捂住头。他们看起来像是在冥思苦想，其实真正在做什么，谁也不知道。有可能孩子只是在模仿正在思考的成年人。那么，对于“想”，成年人又了解多少呢？

下面是思想比较成熟的大学生的回答。

“如果我要求大家‘想一想’，请大家说说‘想’能做哪些事情吧。”

不出所料，正如被告知要解释“1+1=2”那样，大多数大学生听后会觉得疑惑。过了一会儿（也许是悟出了什么），有学生回答说：“回想、记忆、理解、猜测、想象、判断、组织。”然后我让他们重新定义每个词语。如果这样一个接一个地不断发问并尝试解释，“想”在某一瞬间就会被定义为某种具体行为（学生大都不喜欢这种“抠字眼儿”式的提问）。这就是以心理学为基础，通过具体行为来定义思考的过程。这也足以说明本书中所提到的“想”并不是单一的心理状态，而是复合心理状态。现在，我们即使听到有人说“想着呢”，也明白他其实也不确定自己具体在做什么。“想”这一行为包括与信念、愿望、意图等相关的一切内容。换句话说，这三种心理状态均可以用“想”这一行为来替代。

“我想，正直是最好的。”（信念）

“我想去山里。”（意图）

“这是我想过的画面。”（愿望）

有时候，我们说自己在“想”，却弄不清楚自己说的是哪种心理状态，尤其是当“想”指向“信念”时更是如此。

父母的言行不一会导致孩子“察言观色”

评估一个人社交能力的标准有很多。与陌生人交朋友的速度或友谊持续的时间被称为“社交性”或“社会性”。最近常听到人们说“社牛”，这个词语中就包含了能迅速融入并适应某个社会群体的意思。人类有归属某个群体的基本需求。“我们”这个词语本身就意味着归属于某个群体。“我们”的意思是站在同一方，也意味着我们将保护自己免受其他群体伤害。为了生存下去，我们试图加入一个名为“我们”的群体。这个愿望有时需要通过“察言观色”来实现。“察言观色”是加入“我们”这个群体所必需的社交技能。尽管我们不愿意看他人的脸色，却也不愿意成为没眼力见儿的人。随着社会阅历的增长，我们具备了敏锐地觉察他人的思想或情绪并做出回应的能力，也在逐渐发展这种能力。在这种情况下，“察言观色”指的是适应环境的能力，带有积极意义。

一个类似于“察言观色”的心理学概念是“社会参照”(social reference)。社会参照指的是个体在不知道如何行动的情况下，参照他人如何行动来指导自己的行为。当我们出国旅行或去陌生的餐厅时，会观察周围人的行为方式。当孩子不知道该不该做时，就会注视着妈妈：看到妈妈微笑就去做，看到妈妈皱眉就放弃。孩子把妈妈当成了社会参照。社会参照是学习和发展新鲜事物必备的技能。因此，**对这个世界尚没有形成成熟认识的孩子，只能一直盯着父母的一举一动。**

扮演着积极角色的“察言观色”，也可能会成为一种压力。在需要“察言观色”的环境中，我们将不能按照自己的想法行动，因为没有明确、稳定的规则或标准，或者是我们还没有掌握这些规则或标准。同样，如果父母的行为前后不一致，孩子就会不停地“察言观色”。幸运的是，大多数父母的行为还是相当一致的。我们的行为之所以前后一致，是因为我们遵从自己的信念而行动。

所见所闻皆可形成信念

信念建立在我们的所见所闻之上。看到有人帮助爬楼梯的老人或者让座，我们就会形成“这个人舍己为人”的信念。既非亲眼所见又非亲耳所闻的事情，也能成为信念的依据。

我们生活在这个世界上，从他人那里听到的名言、谚语、固有观念会成为我们的信念；从书中获得的知识、通过媒体了解的各种信息也会成为我们信念的资料库。行为，就是源自以这种方式和所见所闻而形成的信念。比如“我相信要想成功就必须交到好朋友”“我相信好朋友就是志同道合的人”等。或许只有带着这种信念，我们才会想到去互联网上发文寻找志同道合的朋友。

我们理解和预测自己的行为时，清醒地认识自己的信念也很重要。要回答“我拥有怎样的信念”这个问题并不容易，因为信念往往被视为与宗教信仰或政治理念一样伟大。然而，在日常生活中决定我们行为的信念是："不能对关系亲近的人说谎""祸从口出""我偏内向""离家出走苦的是自己""抽屉里放着铅笔""按下按钮能接通电源"……这些信念在我们的生活中很熟悉，而且根深蒂固，以至于我们可能都不曾注意过。简言之，我们的所见所闻形成了信念。

诚然，行为由心而发，我们也可以通过行为了解内心。我们通过他人看向哪里、靠近什么、露出何种表情来推测其内心世界。同样，我们也可以透过自己的行为了解自己的内心世界。根据脑科学家的解释，人类以行动为先，之后再加上理由。他们还指出，就连伸出手这种简单的动作，也是先伸出了手之后，再加上"想握住杯子"这一理由。就是说，我们伸出手这一行为反映的内心世界是想握住杯子。

如前文所述，我们是洞察内心的初学者，一开始或许无法找到那些已"久经沙场""错综复杂"的信念。那就满足于现状吧！"信念源于所见所闻。"

但是，我们毕竟无法亲眼所见、亲耳所闻一切，所以我们的信念有时是不完整的，有时甚至还是错误的。试想一下，你现在看到有个人在按出了故障的地暖温控器按钮。知道地暖已经出故障的你可能会说"地暖坏了"，也可能会说"按了也是白按"。而那个不知道"地暖坏了"的人，拥有的就是错误的信念，他会按照"如果按下温控器按钮，房间就会变暖"这个错误的信念行事。这个人之所以存在错误的信念，原因在于他只是在地暖坏之前检查过。我们得益于心智能力，可以理解这个人的行为并做出解释。那么，比起取笑或指责对方，我们做出一些“助人为乐”行为的可能性会更高。

孩子心智能力形成与发展的阶段

我们的心智能力会越来越强。刚开始只是单纯地想了解“对方的内心世界”；接下来，则想在更复杂的情境中洞察“对方在面对第三方时的内心世界”。此外，我们还可以从洞察对方的“思想”发展到洞察对方的“情绪”。发展心理学家普遍认为，人类的心智能力显现出来的时期大概在4岁（有研究认为最早可提前至孩子18个月大时）。如果对这个年龄段的孩子进行任务测试，比如问他们“没有看到东西被移动到另一个位置上的那些人，会有什么反应？”，或者给孩子们看一只戴着猫面具的狗的图片后问他们“这是狗还是猫？”，孩子们都能通过任务测试。到6岁左右，孩子们就能理解并预测他人的情绪。例如，一位祖母买了一个洋娃娃，并把它作为礼物送给了孙女。孙女以前喜欢洋娃娃，现在已经不喜欢了。但孙女可以感受到祖母买洋娃娃时的那种激动而喜悦的心理状态，因为她明白错误的信念与情绪之间的关系。

鉴于孩子在如此小的年龄心智能力就能得到迅速发展，我们可以预见并确信：年龄大一些的孩子和成年人在运用心智能力时会更加熟练。众所周知，一个人达到能够熟练地运用某种能力的水平，是需要时间的。

从 4 岁起就已具备了心智能力、积累了丰富经验的小学生，同样会越来越“老练”。他们拥有理解并解释“错综复杂”的心理状态的能力。幼儿可以洞察他人的内心，却不能解释他们为什么会这么想。相比之下，小学生能洞察他人的愿望、意图、信念或情绪，并作为自己评价或推论的依据。如果问一个小学生：“你觉得那个孩子为什么喜欢你？”他可能会回答：“因为他一直找我说话。每个人都想跟自己喜欢的人说话。另外，我朋友听到他还说起了我，说我是个好孩子。”最重要的是，这个小学生已经开始懂得：我们的感受和情绪会随着情境的变化而变化。

小学时期是青春期和青少年时期的“准备期”，也是孩子们自出生以来进入社会必须经历的“入门期”。他们在比幼儿园更广阔的空间里，被许多不熟悉的朋友和成年人（老师）包围，同时必须遵守既定的规则。孩子们必须结交朋友、结成联盟并识别对手。除此之外，为了遵循老师的指示行事，他们还必须理解老师的意图。在如此错综复杂的社会中生活，心智能力必不可少。与此同时，这种能力发展得也非常迅速，并逐渐得到巩固。小学时期是孩子的各种能力得以巩固的关键时期。

在这一时期，孩子们可以区分来自他人的虚张声势、吹嘘、谎言（包括善意的谎言）、玩笑话、冷嘲热讽。此外，他们也十分明白自己可能有相互冲突的信念或价值观，或者能同时感受到不同的情绪。例如，在郊游的当天，当朋友望着满天的云彩说“多么美好的一天”的时候，他们知道朋友并非真的想说天气好。又如，其中一个孩子说：“虽然我想去小公园，但我害怕途中遇到狗，所以不想去了。”他们也能理解说话者的心理：他的真实想法就是想去小公园。

小学生喜欢笑话和幽默故事。你听过小学生讲的笑话吗？它是如此直接而简单，以至于让人强颜欢笑或感到不自在。然而，这仅仅是基于成年人以自我为中心做出的评价。与成年人的世界一样，幽默对于小学生来说也是一项重要技能。成为小学生后，逐渐被放大的东西之一就是朋友的重要性。在这一阶段，父母怎样看待他们并不重要，重要的是他们的朋友怎样看待他们。父母在听孩子们讲笑话时，不要评价或取笑他们，而是要试着跟他们一起笑，如果经常听，会发现真的很有趣。

是时候把我们 4 岁时就拥有的心智能力拿出来使用了

即便看似经验丰富的心理学家，也有无法洞察他人内心或误解他人心思的时候。这种情况还会经常出现。实际上，在以成年人为对象的心智能力实验中，这种现象得到了科学证实。被试者[1]A 首先走进一个房间，看到房间里的书桌上放着一支

[1] 被试者（subject），心理学实验或心理测验中接受实验或测试的对象。——译者注

铅笔和一张黄色的信封，于是就拿起信封查看，发现信封内还装着一支铅笔。随后被试者 A 就坐在了书桌旁边。此时，被试者 B 也进来并坐在了被试者 A 的对面。后进来的被试者 B 没有看到信封内部。两个人扮演着不同的角色，分别是下达任务的角色（被试者 B）和接受任务并执行的角色（被试者 A）。被试者 B 下达任务："请给我铅笔。"被试者 B 想要的当然是放在书桌上的那支铅笔（他不知道信封里有铅笔）。不过，听到任务后的被试者 A 在把放在书桌上的那支铅笔（被试者 B 能看到）递出去之前，看了一下信封，甚至还打算把信封递给被试者 B。为什么会发生这种情况？研究人员解释，这是出于以自我为中心的思维方式。我们的思考是以自己的认知为基础，并不是基于他人的认知或信念。

认知心理学家波尔兹·科萨（Boaz Keysar）指出，成年人尽管拥有心智能力这一强大的武器，但很有可能弃之不用。例如，一位喜欢喝咖啡的男士收到了一份礼物——一台意式浓缩咖啡机。可是，他习惯了喝滴漏咖啡。如果用新的意式浓缩咖啡机替代滴漏式咖啡机，他就得"创造"一个新的日常生活习惯。于是，习惯了用滴漏式咖啡机的男士决定把他的新咖啡机放进包装盒里，需要时再拿出来用。之后，他只有在想喝意式浓缩咖啡时才把咖啡机从包装盒中取出来，装好各种部件后插上插头使用。反复几次后，他觉得太麻烦，也就不再使用了。

拥有好工具并不意味着一定会使用它。同样，我们 4 岁时就拥有了心智能力，可成年后依然将它置于"包装盒"中。这是因为比起洞察他人的内心，我们更倾向于合自己心意的那一方。从现在起，我们有必要经常把放在“包装盒”中的心智能力拿出来使用了。如果我们经常使用，用起来就会越来越顺手，总有一天会每天使用它。

父母的错误信念会带给孩子压力

希腊神话中的雕刻家皮格马利翁是信念与期待的象征。皮格马利翁把自己的“理想型”爱神阿佛洛狄忒雕刻成了一座真人大小的象牙雕像。他不分昼夜地跟自己雕刻出的作品待在一起，并把雕像当作一个真正的女人。最终，他爱上了这座雕像，并虔诚地向神祈求：让“她”成为自己的妻子。最后，阿佛洛狄忒赐予雕像生命，让皮格马利翁与变身为人的那座雕像结为了夫妻。

在教育心理学中，赞美和期待收到预期效果的现象，被称为“皮格马利翁效应”（Pygmalion Effect）。经研究证实，父母对男孩的数学成绩优于对女孩的数学成绩的期望，这种期望区别造成了数学能力的性别差异。我们认为的与生俱来的性别差异、种族差异和文化差异，其实可能是我们创造的信念的产物。此时，信念不分对错。

皮格马利翁效应创造了另一种信念，即“无论信念是对还是错，赞美和期待都会产生积极的效果”。即使是完全没有根据或荒谬的信念，最终也会实现。

我们相信未来会越来越美好。**满怀积极的期待并投入新工作的人，跟那些缺乏这种期待的人相比，创造出优秀成果的可能性更大。即便这种期待最后失败了，也会成为激励他们继续尝试的动机。**

然而，不切实际地相信“未来很美好”的人，有时候并不总是有一个好结局。另外，期望过高的人更容易经历失败，其结果就是自尊心受到伤害或者迁怒于人。期待并相信孩子能获得高分的父母，不管孩子的能力如何，都会批评孩子没有努力。更糟糕的是，孩子一想到辜负了父母的信任与期待，就会自责，或者感觉自尊心受到伤害。很多父母还说出“我多么相信你”“你辜负了我的信任”等话，把责任推到孩子身上。**尽管父母的信念是孩子成长的动力，可有时也会带给孩子负担和压力。所以，父母必须定期对自己的信念和期待进行复盘。**如果明知是错误的信念却还是决定相信，那么无论结果如何，都要做好接受的准备。

孩子：“妈妈喜欢吃咖喱。”

妈妈：“不对哦，因为你喜欢吃咖喱，我才做的。你不是说好吃吗？”

孩子：“哪里啊，我就说过一次好吃而已。妈妈每天都做咖喱，我还以为妈妈喜欢吃呢。”

妈妈：“我不怎么喜欢吃。我是想做你喜欢吃的。”

孩子：“我喜欢喝海带汤。”

妈妈：“下次我做海带汤。偶尔得跟你确认一下你喜欢吃什么。”

孩子：“嗯。那妈妈呢？喜欢吃什么？”

父母与孩子可能至少有过一次类似的对话。他们彼此都有错误的信念，可能需要很长时间才能知道这种信念是错误的。同时，发现信念是错误的这个过程，还可能不像上面那样温馨地结束。

“你一直都很爱吃啊。怎么不早说？”

“你不是也没问吗？”

“我再也不做咖喱了。”

这段对话中包含着彼此的信念破灭时的愤怒及对对方的指责。妈妈认为孩子喜欢吃咖喱的信念是错误的。即使错误的信念被打破，妈妈也会失望和生气。相反，错误的信念被打破后，也有可能感到喜悦。例如，一个因为错误地相信“朋友背叛了我”而很生气的人，在知道朋友其实并没有背叛自己之后，会变得十分开心。理解错误的信念是认可自己和他人的基础。因为我们知道，每个人都有可能依据错误的信念行事，所以能够理解并接受自己和对方的失误。

父母要定期对自己的信念进行复盘

“我看到了！”或者“我听到了！”

我们认为，语言可以证明某些事情是真实的。至少说出这些话的人，确信自己的所见所闻都是真实的。比起听到的，我们更愿意相信亲眼所见的。俗话说“百闻不如一见”，因为从别人那里听到的信息中夹杂着说话者的推测和解释。

尽管如此，我们的众多信念中，有相当一部分建立在我们从某地的某人那里听到的话语之上。“听说长毛狗是胆小鬼”“听说超市今天免费赠送冰激凌”“××拿走了你的笔记本”“在公园的湖边看到一条大蛇”，这些话语让我们形成了对无法亲眼所见的世界的信念。“我家孩子很优秀”这一信念的形成，可能是因为父母亲眼看到了孩子做得好的事情，或者从他人（老师）那里听到了对孩子的称赞。一种信念一旦形成，我们就会认为它是理所应当的，不会再去确认信念的根据或来源。

有时候，一些来历不明的话语会在我们的信念中扎根。假如有个怀着某种偏见的人对孩子说了一些话，孩子听进去了并形成了错误的信念，那将是一种不幸。我们在听到“孩子缺乏社会性”这样的话之后，就很容易从孩子的行为中找到相关证据，接着形成“我家孩子缺乏社会性”这一错误信念。这也是父母必须定期对自己的信念进行复盘的原因所在。

这种信念从何而来？是不是自己亲眼所见？是听谁说的？是在书中读到的吗？是在互联网上看到的吗？仅凭这些简单的

提问，就能过滤掉相当多的错误信念。父母对自己产生的信念跟对孩子产生的信念同样重要。“我是好父母”或“我是不成熟的父母”这些错误信念的根据是什么？

让我们来想想以下三种信念的准确度，这样身为父母的我们就知道该怎么跟孩子说话了。

“我看到了你的优势，所以相信你这次也会做得很好。”

“我听说你之前做得很好，所以相信你这次也会做得很好。”

“人们说父母必须无条件地信任孩子。我认为这是正确的，所以相信你这次也会做得很好。”

能准确表达心意的词语

当我们在字典中查找意图、愿望、想法、信念、想象、推测、情感和情绪等词语时，会惊讶于某些词语中还包含着鲜为人知的隐藏意义。例如，“可耻”一词中还包含着“羞耻心”这一层意思。“可耻”一般被解释为“不体面和狭隘”。虽然不知道“你真可耻”这句话中是否有“要知廉耻”这一层意思，但如果我们听到这句话，就很容易因为他人指责我们是心胸狭隘的人而觉得委屈、愤怒。

因此，我们从词典中查找那些带有表达心声之意的词语的释义，说不定是一种能更好地理解内心的有趣方法。更重要的是，字典中的释义源自我们的日常生活，所以能更贴切地体现我们“鲜活”的内心世界。

请试想一下：我们与孩子对话时“倾诉真心”利大于弊的

地方。以下这些词语将有助于我们准确地传递真心。（以下所列词语的释义均参考自多音[1]在线词典）

想——包治百病的灵丹妙药

思考或看待（人做出的某种行为）（判断）
内心深处揣测、斟酌或观察（考虑）可行性（计划）
回想并思念内心深处的东西（回忆/记忆）
放在心头（心中的最初想法）
希望或期待
合乎逻辑地思考（思维）
以固定的标准来判断（评价）
愿望或规划（需求）
因担心事情出现意外而全面、慎重地考虑（担忧/顾虑）
为他人着想并宽以待人（关怀）
虽然尚不清楚是否属实，但暂定为真实（假设）
下定决心（决定）

“想”似乎是一剂包治百病的灵丹妙药，它几乎能将表面上看不到、隶属于大脑的一切工作代为表现出来。如果你的朋

[1] 多音（Daum）是韩国的大型门户网站之一。——译者注

友说“我经常想你”，这句话准确的意思是什么？可能是朋友担心你、想念你，经常想起你。这个字的意思有时不太明确，但用于各种情况时也不会出什么大问题。如果觉得“想”这个字不足以充分表达，我们还可以从词典的释义中选择其他合适的词语替代。例如，可以说，“思念你”“担心你”“回想与你共同度过的美好时光”。“想”这个字中包含着太多太多的含义。

相信——对孩子“毫不置疑”

（一个人）相信并遵循（什么）
毫不置疑地信任（人做出的某种行为）
认定某种事物存在或属实

“相信”这个词中含有“毫不置疑”这个前提。当怀疑出现，信念会被打破。有些人就会利用信念的这一特征。孩子也可以用“你不相信我吗”来质疑父母的怀疑。

这种信念中包含着意志，即“不是要相信，而是必须相信”。信念的核心是“即便我的信念可能是错误的”。因此，信念也不一定与实际相符。“我相信你能行”这句话之所以有威力，是因为它意味着过程中即使有失败，但最终一定能成功。如果我们只谈成功而否认失败的可能性，就会给孩子带来负担。

“我相信你，虽然有时候必须面对失败和沮丧，但最终你能够获得成功。”

意图——告诉孩子这样做的理由

为了实现什么而规划（为了实现而计划或努力）

拥有某种计划或目的（理由）

我们经常听到“我没有那个意图”这句话，它让人一听到就起疑心：真的没有那个意图吗？如果不知道自己的话如何被解读，就可能成为社交能力不足的人。

意图，是我们为实现某一目标而制订的行动计划。例如，有一个人十分郁闷，但如果他的郁闷并非源自特定的某个人或某个群体，那么郁闷也就不是其他人事先计划好的，更不属于意图的范畴。郁闷只能归咎于其他人的行事大意。当然，行事大意跟意图不纯的行为一样，会令我们很恼怒。

为了避免由于不小心而可能产生的误会，我们最好能阐明意图。即便是害怕行为的结果在预料之外，自己会受到批评或嘲笑，我们也必须阐明意图，以避免被误解或产生不公平。

例如，孩子正在用积木玩具盖房子，妈妈拿着桶走过来。孩子可能以为妈妈要干扰自己玩游戏。这时，妈妈可以说：“把积木放进桶里，这样你就不会把它们弄丢了。你觉得怎么样？”这样可以消除孩子的顾虑。事实上，**与同龄人相比，在与父母的互动中，孩子学到的东西更多，因为父母会告诉他们这么做的理由。**

愿望——对孩子的合理期待

内心深处期待着什么（相信并等待成真）
期待拥有什么
向倾听者要求什么
期盼着什么（怀着期待盼望）

想要——给孩子自己做决定的自由

怀着某种想法或需求
怀着“如果能那样就好了”的希望

无论理由是什么，父母都希望孩子拥有积极向上的愿望和动机。所以，父母才会对孩子说：“我希望你幸福。”

然而，父母绝不会坐以待毙，他们会把自己的愿望付诸行动，同时下定决心：“我希望你幸福。我相信幸福就是做自己喜欢的事，所以我会为你创造机会，让你去尝试做不同的事情，这样你才能寻找到自己喜欢的事情。”因此，父母会带着孩子去旅行、参与体验式学习、报各种培训班。**父母的愿望能否实现？父母的信念是不是错了？如果父母有“幸福就是有自己做决定的自由”这一信念，行事方式是否不同？**

随着时间的推移，会出现与孩子沟通困难的时期。这时候，尽管父母心中最重要的依然是孩子，但有时“我自己”开始变得重要起来。如果为人父母者抛开“父母”这一身份，从“独立个体”的角度出发，问自己“我期望的是什么”，恐怕大多数父母不知道该怎么回答。其实这是不需要立即实现的愿望，所以，偶尔也谈谈自己的愿望怎么样？

“我想要在济州岛生活。”
“我想要在浩瀚的大海中航行。”
“我想要描画我爱的那些人。”
“我想要重返校园。”

那些遵照父母的愿望长大的孩子，会产生怎样的想法呢？他们会认为，愿望是自由的，不会受到批评，也不接受评价。那么，请这样对孩子说：“并不需要现在立即去做，它只是一个愿望而已，跟梦想差不多。可谁又知道呢？说不定真的就能美梦成真。当你真正想要实现它的那一刻到来时，你再制订计划去实现就行了。”

第3章 情绪，隐藏于内心的能量

"您别边说边发火！"

一天，在进行与项目开发相关的讨论时，一位职场后辈这样对我说。

"我没发火啊，可能是讨论时声音稍微大了些，我只是希望其他人能更积极地参与讨论。以后我会平心静气一些。"

坐在回家的车上，我还在想这件事，同时又觉得自己很委屈，吃完晚饭了我还是在想这件事。随后我突然意识到，说不定当时自己真的发火了。接着，我逐一复盘了自己在讨论时的言行。可以确定的是，与平时相比，我当时说话的语调明显更高，语速也更快，音量也更大。这真实就是发火的表现。发火的导火索是什么？是认为自己遭遇了挫折和不公。“其他人反对我的意见，妨碍了我的意见被采纳。”“其他人不但不提意见，反而对我的意见说三道四，这不公平。他们是在‘搭便车’。”这些就是我发火的原因。只有当自己意识到或者承认愤怒时，才能觉察到“怒火”，下一次才能控制住自己。但当时，我并未察觉到自己发火了，也否认自己在发火，所以一直在生气。即便讨论已经结束，但我还在生气。

父母也经常对孩子发火。这简直是家常便饭。可父母并不承认自己发火了，他们甚至认为自己只是在教育孩子，做了为人父母该做的事。真的是这样吗？难道不是我们下意识地想把那些令人头疼的“情绪”发泄出去吗？

有时候，情绪就像是不速之客，它们甚至会脱离我们的控制。尽管如此，它们仍旧不断出现，这是因为它们有它们需要扮演的角色和发挥的作用。我们要做的就是寻找到方法，跟它们“和睦相处”。

人的存在就如同客栈
每天清晨都有新客到来
喜悦、绝望、悲伤
以及那瞬间的领悟等
犹如意外的访客到来

欢迎并接待每一个人
即便他们是悲伤之徒
蛮横地扫荡你的客房
将全部家具一扫而空
仍视为上宾以礼相待
他们为了带来新喜悦
或许还会专为你打扫
灰暗的思想、羞耻、悔恨
亦要在门口笑脸相迎
把它们邀请进屋里来
对进屋之人心存感恩
因为所有客人都是远道而来的向导

——莫拉维·贾拉鲁丁·鲁米（Molana Jalaluddin Rumi），《献给天蝎座的诗》

人生的课题——爱与幸福

父母的爱可能会被孩子误解为嫌弃

儿子：“我爱你！”

妈妈：“话应该说得再具体些啊。”

这是科幻电影《赐予者》（*The Giver*）中一对母子之间的对话。“爱”似乎是我们每天都会遇到却又不太了解的“人”。只要打开电视，不管是哪个频道，都在谈论爱。例如，聊与所爱的人之间的矛盾、离别和离婚的相关解决方案，以及想重新相爱的人（真挚地）倾诉自己内心的情感。亲子节目也无一例外地爱意满满。世界上到处都洋溢着爱，人人都知道爱，人人都谈论爱，可似乎无人透彻地明白爱到底是什么。这也是为什么会有许多人问到底什么是爱。此时此刻，或许也有人在问：

“那个人爱我吗？”“妈妈爱我吗？”

影片中，母亲为什么要让儿子把话说得再具体些呢？首先，如果观察他们生活的未来环境就会发现，他们生活的未来环境由冰冷的金属、非实体的三维空间、被处理过的模糊数字构成。建筑物呈几何形状，仿佛是存在于抽象画中。相反，我们的日常生活是具体的。影片中的母子把生活在舒适的环境和满足（幸福）的状态当作理想。为了实现理想，他们选择的方法是：消除内心世界的模糊性，力求让其变得清晰可见。

这一选择的理念基于内心的苦痛，来源于模糊的信念，所以，影片中未来的人类旨在打造一个没有不信任、怀疑和误解的世界。由此，未来的人类不会因愤怒和悲伤等情绪而痛苦，力图始终保持环境舒适和满足的状态，这从某种程度上看似乎成功了（虽然可以预料到情绪，但无法控制）。虽然抽象的物理环境和具体的心理环境看似矛盾，但两者的共同点十分容易理解。如果你身处这样的世界，会如何具体地表达“我爱你”呢？

这固然不是在为未来世界做准备，但心理学家进行了此类尝试。他们用具体化、可测量的心理学概念来定义抽象的概念，这被称为“操作性定义”（Operational Definition）。心理学家测量和分析人类的心灵，将不可见的内心世界转化为任何人都可见的行为，并对其进行客观的观察。

我们来具体地表达一下“我爱你”吧！首先回想一下沉浸在“爱”的氛围中的孩子的行为。孩子会凝视对方，对着他们微笑，去接近、触摸、拥抱、亲吻他们；孩子会说出“我爱你”“我喜欢你”“因为你，我很幸福”之类的话；想把自己的好东西给对方，小时候给糖果，长大后给昂贵或珍贵的东西；把自己的时间用在对方身上；甚至还认为可以为对方付出生命的代价。如果有以上行为，就证明孩子正爱着对方。

随着孩子年龄增长，父母对孩子表达爱的方式由直接方式转变为间接方式。

“我帮你查了高考信息。”

“这是你想要的手机。”

“得按时吃饭呀。”

“该减肥啦。”

这些话能代替“我爱你”吗？父母的每一句话中或许都蕴藏着一颗为孩子着想、想帮助孩子、给孩子一个光明未来的心愿。然而，孩子听到这些话后往往不认为是“我爱你”。他们甚至误以为“让我考上大学就是父母的全部希望”“爸爸从来不关心我，只给我买我需要的东西”“父母试图掌控我的一切”“妈妈要的是可以向他人炫耀的资本”。**我们相信行动源于心灵，并从言行中洞察自己的内心和他人的情绪。然而，并不是所有的行为都能准确地传递心意。**有时候蕴藏着爱的行动并不能传递出爱。遗憾的是，爱可能会被误解为嫌弃。

爱来源于父母与孩子之间的“依恋”

我们每天都会跟“爱”这个字打无数次交道。很多歌曲名、电影名和人名中，以及教堂、加油站、超市和酒吧的招牌上都有“爱”这个字。虽然看起来到处都充满了爱，实际上我们是因缺爱才渴望它。总之，爱与我们同在。爱多到让我们好奇——是否所有的爱都一样？什么是真正的爱？就好像去牛肉汤店多的地方就能寻找到“鼻祖”老店一样；又好像如果“鼻祖”老店太多，会对所有的牛肉汤店起疑心一样。那么，爱也有“鼻祖”吗？爱也许始于父母与孩子之间，我们称之为“依恋”（attachment）。

“依恋”是爱的开始，是信任的基础，是父母与孩子之间紧密的情感纽带。婴儿的依恋程度被作为衡量社会发展的指标。与父母建立了良好依恋关系的孩子，同样会与他人建立起良好的关系。这些孩子会认为，世界是安全的，相信自己和他人都是好人。与父母之间建立的这种信任关系会延伸到与朋友、恋人乃至自己孩子的关系。依恋的核心情感是归属感和亲密感，这就是爱。因此，如果懂得什么是依恋，就能揭示出爱的本质。

父母是孩子的“安全基地”

为了了解婴儿与照料者（通常是妈妈）形成了何种依恋关系，美国心理学家安斯沃斯（Ainsworth）创建了由8个陌生情境组成的“陌生情境实验”（strange situation test）。这是一种观察婴儿在陌生环境中与照料者（通常是妈妈）短暂分离和再次见面时的行为实验。再次见面时，婴儿会试图接近照料者并与他们待在一起，这一点尤其重要。婴儿的这种行为表明，在陌生而可怕的环境中，孩子视所爱的人（照料者）为会保护自己安全的存在。**父母是孩子的“安全基地”（security base）。当孩子置身于陌生或让自己恐惧的环境中时，试图待在自认为安全的地方（靠近自己的依恋对象）的行为是很自然的反应。**

依恋（爱）的核心是信任。待在依恋的对象（所爱之人）身旁，或者身体靠近依恋的对象，并不是爱的全部。形成了安全型依恋的孩子会离开父母，自信满满地走向社会。要想让孩子成长为独立自主的个体，父母必须让孩子学会独自乘风破浪。尽管外面的世界处处危机四伏，但要想在这个世界生存下去，就必须永不停止地挑战和探索。这个时候，“探险家”必需的是“安全基地”。**只有当孩子相信有一个地方可以让自己在探索陌生事物的过程中感到疲惫和害怕时，可以随时返回去休憩并得到慰藉，孩子才能向前走得更远。**

成年人也是如此。恋人们会给予对方充满信心地探索世界和成长的自由。他们即使相隔遥远，也不会感到焦虑；他们相信无论何时彼此都能回到过去，并在遇到困难时找到彼此。未能形成安全型依恋，即不相信对方的恋人，会不停地试探。他们因担心对方抛弃自己而不安，会给外出的恋人打数十通电话或发无数条短信。研究依恋关系的结果显示，所谓“真爱”，并不是每时每刻都黏在一起，而是有一段自由距离。

爱因人而异，也应该因人而异。说到爱，请在一分钟之内写出你能想到的所有词语，然后试着在一分钟之内写出听到“对孩子的爱”时能想到的所有词语。接下来，试着在一分钟之内写出听到“对丈夫（妻子）的爱”时能想到的所有词语。现在，请你把自己写下的这些词语以相同和相异的标准进行归类和比较。相同的词语会展示出“你所坚信的爱的核心”，相异的词语则会展示出“爱的不同表达方式”。为人父母者不会像爱丈夫（妻子）那样爱自己的孩子和朋友，不会像爱自己的孩子那样爱宠物狗。虽然说的都是爱，其中蕴含的意义却不同。假如一视同仁地爱，就会造成严重的问题。看似相同，我们却以不同的方式爱着自己的伴侣、孩子和宠物狗，最重要的是爱着自己。

我们似乎终于明白为什么《赐予者》中的妈妈要让孩子具体表达出爱了。现在是时候想想父母对孩子的爱及孩子对父母的爱是什么样的爱了。对于孩子来说，父母是“安全基地”。那么，对于父母来说，孩子又是什么？

如果父母的愿望成真，孩子会幸福吗

“认识你自己。”

这个简单的句子也许是世界上最著名的名言。苏格拉底是否曾料想到这句话会让那么多人陷入困惑？他让我们问自己这样的问题：“我们是谁？”这个问题实在很难回答，但由于我们知道它决定着我们会过上怎样的生活，所以我们都试图以某种方式回答它。

我们对自己了解多少？我们喜欢什么？我们想做什么？我们想拥有什么？我们现在有何种情绪？我们是谁？我们想成为怎样的人？

我们会不停地问自己或他人这些问题，说不定在我们有生之年，还会带着迷茫去寻找这些问题的答案。

“我想拥有什么”这个问题揭示了“我是谁”。“我想拥有自己的房子”这个愿望可能意味着“我希望过上稳定的生活”。我们更多地思考的是“我想要什么”，而不是“我是谁”。

在提出任何问题之前需要注意一点——不要预先做评价或指责。例如，当产生“我想拥有一套好房子”这种想法时，不要做“有钱吗”“知道房价是多少吗”“醒醒吧，别做白日梦了”之类的评价。愿望是付诸行动的起点。我们天马行空地想象的愿望越多，实现理想的可能性就越大。换句话说，我们的愿望能使我们成为“某种人”。

心理学家提出了实现愿望的方法，就是把愿望从“我想住在漂亮的房子里”转变成“我想要什么样的房子”。接下来，尽可能地想象房子的大小和形状、房间的数量、窗户的大小和朝向及屋内的照明，然后想象住在房子里的人的样子。这一想象把我们想要的“好房子”的形态具体化了，最终就像亲眼见到真实的房子一样。目标制定得越具体，实现的可能性就越大。但是，到这里还没有结束，还需要回答一个最重要的问题——“住在这套房子里会幸福吗？”

现在请想想你希望的孩子的模样。你希望孩子是怎样的？如果你希望孩子是幸福的，那么幸福的孩子会是什么样子的？是不是总是面带微笑、感恩这个世界上的一切、知道自己想要什么并为之付出努力？或者是不是听从父母的教导、专心致志地学习？最后，如果孩子真的成长为你希望的模样，就问问自己：“孩子幸福吗？”或者问问孩子：“你幸福吗？”

我们可以创造“幸福”这种情绪

我们都想获得幸福，而每个人定义的幸福都不一样。有人认为，如果想获得幸福，需要一套房子。对于他们来说，房子就是幸福的代名词。

有人试图寻找“幸福从何而来”这个问题的答案，他们就是哈佛大学主导的“成人发展研究”项目团队。乔治·范伦特（George E. Vaillant）所著的《幸福的条件》一书中介绍了一部分研究成果。项目团队在长达72年间对268人生活的跟踪记录显示，幸福的条件各不相同，包括婚姻、与收入直接相关的职业、朋友或社交活动、爱好、团体志愿服务、宗教和休闲（在该研究中，“幸福”被定义为对生活的主观满意度）。该研究确定的幸福的各种条件中，核心条件是与他人的关系。这就表明我们相信幸福不是源自物质，而是源自人。

现在，我们重新回到“住在这套房子里会幸福吗”这个问题。答案是否不同？即便是微不足道的事情，也可能会动摇我们对幸福的信念。你认为的幸福是什么？幸福的条件是什么？每个人对幸福的定义都不同。一些人认为，如果能满足幸福所需要的条件就是幸福，达不到这个条件就是不幸。然而，这里还有一个转折点，即幸福的条件可能并没有我们想象的那么重要。

在日常生活或电视剧中，人们常常高声呼喊“我想谈恋爱”“我想见到我爱的人”。男女老少都分享着自己的爱情故事。精神科医生乔治·范伦特指出，接受采访的人都说“爱就能幸福”。以此类推，就是“谈恋爱就幸福，无法相恋就不幸福”。这句话真的可信吗？

在一项研究中，为了确定“幸福的程度”与“恋爱的状态”之间的关系，研究人员进行了一些实验操作。大学生们被问了两个问题：“你现在幸福吗”和“你在谈恋爱吗”。这两个问题揭示了幸福和恋爱（爱）之间究竟有多大的关系。尽管有人认为研究主题过于老套，可是这个研究的核心在于提问的顺序。在参与实验的大学生中，有一半的学生首先被问到了幸福的程度，其次是恋爱的状态；剩下的另一半学生则首先被问到了恋爱的状态，其次是幸福的程度。接受“先幸福后恋爱”相关提问的学生认为，幸福的程度和恋爱的状态几乎无关。换句话说，回答非常幸福的学生中，有的正在谈恋爱，有人没有谈过恋爱。与之相反，接受“先恋爱后幸福”相关提问的学生认为，幸福的程度和恋爱的状态有关。没有谈过恋爱的学生不像正在谈恋爱的学生那样幸福。换言之，幸福的程度随着恋爱的状态的变化而变化。这一结果表明，我们首先想到的状态可以作为判断下一个状态的标准。

我们将此提问方法应用于“房子和幸福”。

> 日落时分，一对年轻的夫妇在一个小房间里面对面坐着用餐。因为房子太小、住得不舒服，这对夫妇想搬家。但他们抱怨房价太高，所以买不起。这对一直在发牢骚的夫妻互问：“你现在幸福吗？”

我们能想象到他们会给出怎样的答案。这对夫妻相信房子是造成不幸福的原因。相反，假如他们从一开始就边吃边说“啊，真好。这就是幸福”，结果又会怎样？幸福与不幸的界限存在于对话的细节中。即便是细微的变化，也有可能带来巨大的幸福。

当父母高喊着“幸福并不是来源于成绩和排名”与沉迷于游戏的孩子进行对话时，如果以前总是先谈成绩，现在就应该先聊幸福，而不是成绩。例如，可以这么说："吃方便面的时候，是不是有一种莫名的幸福感？其实，不一定在游戏厅，在家吃的时候也可以有这种幸福感。"

情绪时时刻刻都在变化

爱，就像鲜活的生物一样移动和变化。"移动"通常意味着爱从一个人身上转移到另一个人身上，而"变化"则意味着对一个人的爱发生改变。我们爱这个人，然后又爱另一个人（当然，有些人会同时爱很多个人）。此外，我们会讨厌自己曾经爱过的人，也会爱上自己曾经厌烦的人。上课时，学员们问："人怎么会变呢？"我就反问："人怎么会不变呢？"

对于专攻发展心理学的我而言，人生的准则并不是"人永恒不变"，而是"人从出生的那一刻起到生命结束都处于变化中"。因此，爱发生变化不但是自然的，而且是必需的。情绪变化所需的时间可能很短，也可能很长。同时，使情绪发生变化的因素可能是环境的改变，也可能是我们思想的改变。

情绪就好比过山车，时而脆弱，时而强烈，不断地上下起伏。我们从早上醒来睁开双眼的那一刻起，到入睡为止，情绪都在不知不觉中发生着变化。即使不会出现小说或电视剧中那样的剧情冲突，我们的情绪一整天都会处于漂浮不定的状态，并在这种不确定中保持着平衡。

客观地看待问题可以改善情绪

研究情绪的人经常使用的一种工具是“情绪日记”。研究人员把一天分为10个区间，在各区间内随机向电脑或手机发送信息，由被试者通过记录当时的情况和情绪来收集有关情绪的信息。（如果你自己尝试设置提醒，会发现这比想象的更有趣）

我们通过追踪自己从早晨睁开双眼的那一刻开始到一天结束，了解自己的情绪变化。当已经按下关闭键的闹钟仍旧在响时，我们是否很烦躁？当打开窗户听到鸟叫声时，我们的心情是否愉悦？我们是否因早上必须做一些事情而紧张不安？

在第一眼看到父母时，我们是否有与自己所爱之人相逢的喜悦？看到连眼睛都睁不开的摇摇晃晃的孩子，我们是否能露出笑容？有没有对磨磨蹭蹭的孩子发脾气？

在起床后不到一个小时的时间里，我们的情绪一直在发生变化。即使没什么特别的事，心情也会时好时坏。我们的情绪会因我们难以接受的一些场景或气味不知不觉地发生变化。浴室里空气清新剂的味道、垃圾桶的臭味、整齐排列的鞋子、墙上挂着的天空的照片等都可能会影响我们的心情。这就好似突然产生某种莫名的感觉：一天都会心情舒畅，或者有什么倒霉的事会发生。清晨一觉醒来只要最先看到了让自己感到幸福的东西，我们就能以愉悦的心情开启新的一天。

正确理解并练习驾驭情绪

驾驭情绪就好比冲浪。随着年龄的增长，冲浪者驾驭海浪的能力会越来越强，不会再被海浪卷走，而是乘风破浪、砥砺前行。如果驾驭情绪的技能得到提高，就能避开如波涛般汹涌的负面情绪，或者巧妙地将其转化为其他情绪。

诚然，成年人也会被卷入海浪中，有时还会坠入大海。但与成年人相比，孩子能体会到更强烈的情绪。这可能是由于孩子缺乏驾驭情绪的能力，抑或管理这种情绪的大脑区域还不够发达。**尤其是青少年，他们身处猛烈的暴风雨中，并与波涛抗衡**。他们不仅要对抗体内激素引发的生理变化，还要直面充满压力的现实。孩子们必须在小小的教室里全神贯注地待几个小时，周围都是老师和同学，他们要解答一道道困难而复杂的问题，阅读一篇篇被高难度的词汇填满的课文。据说，当小学生被要求画一幅主题为“想象中的学校”的画时，他们画了一幅开着战斗机轰炸学校的画。这其实完全可以理解（有些父母或老师也许会担心孩子有暴力倾向）。

情绪不仅仅是对世界上发生的事情的反应，还积极参与阐释和理解这个世界。我们也会根据自己的情绪来判断世界。惧怕这个世界的人会以“这个世界实际上是一个危机四伏的战场”为由，拒绝与外界接触。他们的恐惧就是他们口中“这个世界危机四伏”的证据。“觉察到自己如此恐惧，就知道这个世界是危险之地。”尽管这一主张看似有趣，可有时候我们也会认为有趣的就是好的，惹人烦的就是不好的。我们当然不能因为很难驾驭情绪就认为情绪本质上是不好的。就像《狗狗很优秀》这个节目名一样，“情绪是‘优秀’的”。正如宠物狗的主人必须掌握与狗狗有关的正确知识，并对其进行适当的训练一样，我们同样需要正确地理解情绪，并练习正确地驾驭情绪。

了解情绪的本质，才能更好地与孩子沟通

情绪在很大程度上可以控制

情绪显然是激发某些行为的力量。情绪不仅仅是一团向前滚动的能量源，愤怒、喜悦、悲伤或恐惧等情绪也都能让我们以特定的方式思考和行动。当我们请求某人帮助时，我们会观察这个人的情绪状态。例如，保险利用的是我们的恐惧心理，假如你是一名保险业务员，就会找到许多胆小的人。

我们有时候会被自己的情绪束缚，在做了一些自己平常不会做的事情后就会后悔。对于那些因无法控制住情绪、无法调节情绪而请求他人谅解的人，我们应给予一定程度的宽容，因为我们都知道他们很难控制住自己的情绪。然而，随着对情绪实证研究结果的不断积累，我们逐渐认识到，尽管我们认为无法完全控制或调节自己的情绪，但情绪在很大程度上还是可以被控制的。

情绪投资

情绪长期以来一直没有受到心理学家关注。在他们看来，情绪不是人类的特性，动物也有。如今，在心理学研究领域，情绪几乎占据了中心位置。即使在此时此刻，许多心理学家也在为揭开情绪的秘密进行着研究。情绪的起源、情绪的类型、情绪的发展、文化差异、情绪与思维的关系、情绪与犯罪的关系、情绪调节等各个领域，每天都涌现出新的发现。

为什么心理学家们愿意做这么多情绪方面的研究呢？抛开为社会科学的发展做出贡献这一宏伟目标不谈，进行研究会得到经费支持。另外，研究人员也想借助这一研究经历获得择业机会。说得直截一点，大多数研究人员都想做一些能带来经济利益的研究，他们不会为没有价值的东西买单。与情绪相关的研究日益增多，这表明情绪开始成为我们关注的社会焦点，我们愿意为此支付费用。当然，我们在智力和学习等方面的花费远远多于情绪。只要可以提高成绩，我们会毫不犹疑地花数十万元上辅导班或请家教，却舍不得把钱花在解决孩子情绪问题所需的咨询费上。然而，在我们的日常生活中，随着抑郁症、愤怒调节障碍、社交恐惧症、焦虑症和恐慌症等词语与特定的犯罪或事件一起被经常提及，我们也越来越关注自己与他人的情绪。其实，我们从很早以前就对情绪产生了兴趣，并支付了大量费用治疗与情绪相关的疾病。知道“压力”这个词语吗？大家应该都知道。我们还知道，压力会对个人健康、人际关系、在工作和家庭中做决定及解决问题产生负面影响。我们所说的“压力的核心”，指的就是愤怒、悲伤和恐惧。需要注意一点，“压力”这个模糊的词语中隐含了个体情绪的本质。不知道情绪的本质，就无法控制或调节情绪。现在，到了揭示情绪本质的时候了。

揭示情绪本质的语句

用简短的语句阐明“情绪”不切实际。因此，这里抛开贪念，在提及情绪时，只专注于考察对认识情绪有帮助的一些基本原理和特征。显而易见，我们熟知的许多语句中都有揭示情绪本质的词语。

“眼不见，心不烦。”情绪是对刺激的反应。感受一种情绪意味着有某种东西（刺激）让我们喜悦、愤怒、悲伤和害怕。当这样的刺激出现时，情绪也会产生。相反，这也意味着当这样的刺激消失时，情绪也就随之消失。例如，我们在登山的时候，如果发现灌木丛中有蛇，虽然会害怕，但蛇一消失，恐惧也就消失了。**因此，要想控制自己的情绪，就要远离这些刺激。但有些时候，刺激消失后，我们仍然被困在情绪中很长一段时间，那是因为我们还在思考这些刺激。**蛇已经消失了，但一想到它可能会再次出现，我们在登山的整个过程中都会时刻感到焦虑。看到草在动，我们就会吓一跳，因为这让我们想起了蛇。

“不是因为恐惧才逃跑，而是因为逃跑才恐惧。”行动会诱发情绪。行动是第一位的，而不是情绪。受到刺激时，我们的行动会决定我们产生何种情绪。当路边的树叶摇晃时，有的人转身就跑，有的人会靠近并触摸它。逃跑的人感到恐惧，接近的人感到好奇。“不是因为幸福才微笑，而是因为微笑才幸福”，这句话讲的也是同样的道理。事实上，一项研究显示，我们仅露出笑容，就能感受到这个世界更幸福、有趣。

“越想越不开心。”思想会诱发情绪。我们会把感性和理性区别对待，认为它们相互对立。如果你问对方“你喜欢我吗”，在对方回答“喜欢”之前，即便只有片刻的时间（最少 1 秒），你也会质疑对方的真心。不是因为有充足的时间才想到了什么，而是因为想到了什么才质疑，所以你最终会做出“那并不是发自肺腑的喜欢”的判断。假如情绪这一“陶瓷工艺品”上沾染了一点点“思想的尘土”，那么它会因有瑕疵而价值下降，有人甚至认为应直接打碎它。然而，我们的情绪中基本上都隐含着“思想”。

究竟是感受情绪，还是感受到的是情绪

我们常说感受情绪。为此，我们必须自己关注身体觉察到的变化。在表达某种情绪的时候，我们会说“脸红了”“起鸡皮疙瘩”“觉得恶心”。虽然身体觉察到的变化是组成情绪的关键因素，但这种变化并不具备多样化的特征。例如，想

想我们什么时候会起鸡皮疙瘩？人在害怕、惊讶、寒冷、惊奇时，都会起鸡皮疙瘩。此外，不能仅仅凭身体的变化来判定经历了什么，我们实际感受到什么情绪，取决于如何解释我们身体的变化。

有一个经典的吊桥实验。过悬空的吊桥时，心跳加速的人会因遇到不同的人而产生不同的情绪。在心跳加速的状态下，根据自己遇到的是异性还是同性，心动（冲动）可能会是一种好感，也可能会是一种提醒。实验中，测定是否有好感，是通过是否有意再次见面实现的。过桥时，实验助手（异性）以做调查为借口接近某人后，询问是否愿意到实验室进一步做实验。走过悬空吊桥时遇到异性的人会承诺再次去实验室，而跟实验助手性别相同或者没有心动感觉的人（同样的实验会在低矮的混凝土桥上进行一次，这个实验中的被试者大部分没有产生心动的感觉）则拒绝去实验室。之所以产生这种行为差异，是因为被试者把“心动（冲动）”归因于是否对异性有好感。

这里还有其他前提条件。换言之，在无其他理由解释“心动（冲动）”的前提下，才可以这样来解释。如果我们意识到心动（冲动）是因为吊桥，那么在日常生活中呢？即便遇到异性，好感度也会很低或几乎没有。总之，我们会用最合乎逻辑的理由为自己辩解。

认识情绪是必须学习的“技能”

认识情绪跟学习数学、英语一样重要，甚至可以说比它们更重要，但它却未被纳入学校教育的范畴。认识情绪仅限于托儿所和幼儿园的形式化教学，就连这种做法也很有限。事实上，认识情绪是通过我们日常生活中发生的事情实现的。在日常生活中学到的知识不同于在学校学到的知识，看似绝大部分都能理解，可又无法解释清楚。尽管如此，这并不意味着放任孩子们自学。虽然没有老师教，但孩子周围有众多“引路者”和“决策者”。相比于孩子，他们是一群“社交高手”。

苏联发展心理学家列夫·维果茨基（Lev Semenovich Vygotsky）解释说，**一个人的发展是通过经验丰富的人指导的方式实现的**。我们在一些领域是专家，在其他领域却是初学者。有些人学习很好，却不擅长人际交往；有些人擅长电脑，却不会做饭；有些人擅长踢足球，却不擅长打乒乓球。此外，我们有时作为指导者扮演专家角色，有时又作为学习者扮演初学者角色。认识情绪也是如此。有些人擅长识别和表达情绪，而有些人则不能。当女性和男性见面时，女性通常是成熟的人；当父母跟孩子见面时，成年人通常扮演成熟的向导角色。

成熟的人首先要做的是从初学者的行为中发现意义（情绪）并告知他人。其次，**凭借准确地描述自己的情绪，成为他人可以参照的情绪模板**。父母是孩子最好的向导，因为他们可以用语言清楚地表达自己在做什么。

假设你是一个游戏初学者，正在学习一款跑跑卡丁车的新游戏，有三种类型的游戏玩家在指导你。第一类玩家一言不发，在独自玩游戏后让你自己去尝试。第二类玩家让你自己玩游戏，指示你“在这里转身”“在这里跳”和“在这里发射香蕉”。第三类玩家首先向你说明了玩游戏时所走的赛道是怎样的，为什么要在这里慢下来，以及需要注意哪些动作，然后让你自己试着玩游戏。你想跟哪位玩家学习呢？尽管每个人可能对学习有不同的偏好，但研究表明，向第三类玩家学习最有效。

如果你比对方更善于感知情绪，那么请准确地告知对方为什么会感知到某种情绪；如果对方比你更善于感知情绪，你就请对方告诉自己为什么会感知到某种情绪。这是两个人共同成长的方法。

“我害怕这件事。我感觉它会对我构成威胁。也许不是真的，但我现在是这么认为的。”

通过这一过程，与情绪有关的个人能力会得到发展。

会“活用”才能“为己有”

再贵再好的机器，如果不使用，也只会被遗忘在角落里落满灰尘，最终被当成垃圾扔掉。新知识不能被应用于日常生活中，也只能成为无用的知识，逐渐被遗忘。

有趣的是，在我们学习一些知识时，无论这些知识是有趣还是平淡无聊，我们都记得学到的东西。有研究发现，“书越有趣就越容易理解”这种想法属于错误的信念。我们会更迅速地读完有趣的图书，但也能理解那些平淡无趣的图书中的内容。换言之，即便阅读并非出于本人意愿，我们也能记住其中的内容。我们拥有连自己都未曾察觉到的能力！（即便读了一本很没意思的书，我们也能记住其中的内容）

现在剩下的任务是使用我们自己掌握的知识。孩子虽然学会了记忆方法，却不会用它解决实际的记忆问题，导致经常犯错。这种现象被称为“生产缺陷”。同样，如果我们不把自己对情绪的了解付诸实践，就无法正确应对情绪问题。

先保持沉默，解决问题后再与孩子沟通

我们用到现在为止所掌握的与情绪相关的知识来解释下面这一情境。

一个下雨天的午后，我们坐在沙发上，用手机搜索旅游景点，可一直进不去，不停地弹出错误提示。这时，孩子不小心把水洒了。我们突然心跳加速，怒火上升，边走过去边说：“你怎么这么不小心！”说话声音比平时更大、更高。孩子站在那里一动不动，一副快要哭出来的表情。“你怎么哭了？不要哭。”我们话刚说完，孩子就开始掉眼泪。清理孩子洒的水迹的时候，孩子站在客厅中央。

父母是什么样的情绪状态？原因是什么？

父母的行为是否决定了情绪？

孩子是什么样的情绪状态？

父母和孩子的情绪发生了怎样的变化？

这个故事的结尾如何？

如果换作是你，在这种情况下会怎么做？

我们从这个故事中很容易就能够找到可以让情况发生转变的拐点，那就是在说出“你怎么哭了？不要哭”这句话的时候。如果父母接着说“被吓到了啊，对不起，妈妈（爸爸）对你大喊大叫了，妈妈（爸爸）其实是因为其他事情在生气，不是因为你。我们一起收拾好吗”，情况会有所不同。然而，日常生活中很多父母却难以平静地处理这个问题。在清醒的状态下，我们的思想可能会更狭隘，更容易犯错误。**出现问题时，最好先保持沉默**，把“解决问题后再与孩子沟通”作为基本行为准则。当然，这条准则应与孩子分享。如果只有父母知道并遵守，在父母一言不发的时候，孩子会慌乱不已，或必须承受焦虑不安的心理状态。因此，在这一情境中，父母首先和孩子一起把水渍擦干净，在冷静下来之后，告诉孩子此时自己的情绪，然后再让孩子说说自己的情绪。请务必记住：这种引发如此强烈情绪的情境，其实是父母和孩子互相了解对方情绪的绝佳机会。

根据孩子的情绪进行对话

我们会因为同一件事而感到愤怒、害怕、悲伤等不同的情绪。

举例来说，我们可以想象一下有人拿走了自己的东西。如果对手比我们弱，或者至少认为对方有可能抗衡的对象，我们就会“生气”；如果对手比我们强，我们就会“害怕”。此外，如果我们认为自己的东西根本没有找回的可能性，我们就会“难过”。我们对事件的解释会影响我们的感受。同样，当同一事件与不同的想法相关联时，也会引发不同的情绪。以研究面部表情和情绪而闻名的保罗·艾克曼（Paul Ekman）提出了与每种情绪相关的独特思维过程。简要总结如下：

愤怒：“这妨碍了我做自己想做的事情！这不公平！我得要回来！”

悲伤：“丢了！再也找不回来了！”

愉悦：“我得到了我想要的！”

恐惧：“会伤害到我！必须避开！”

厌恶：“哎呀！真脏！如果靠近，我也会被弄脏，还可能会生病。我得离远点儿。”

惊讶：“简直就是意料之外！”

内疚：“这是我的错。我做错事情了。我必须弥补自己的过错。”

羞愧：“有谁看到了没有？别人会怎么看我？我必须躲起来。”

羡慕：“本来我也想这么做，真是太好了。”

嫉妒：“那个东西原本就该属于我，怎么能在别人那里？我得拿回来。”

对事件或刺激的解读因人而异，每个人感受到的情绪也有所不同。父母对某一对象的感受与孩子的感受也可能不同。例如，一个孩子认为地板上爬行的蚂蚁会伤害自己，蚂蚁“很可怕”，所以试图远离它。被恐惧包围的人通常会试图远离刺激。孩子的行为，其实是对可怕对象的一种自然反应。

然而，根本不怕蚂蚁的父母却说：“不是的，它不可怕，它比你小多了啊！”父母试图用逻辑来解释。在这种情况下，父母的这些话不但帮不上忙，反而会让事情变得更糟。孩子也知道蚂蚁很小，蚂蚁的大小对孩子来说并不重要。对于孩子所持有的信念来说，即便是一只小小的蚂蚁也会伤害自己，这一点才是最重要的。孩子想象着蚂蚁会突然变大，还会联想到曾在动画片中看到过的蚂蚁的脸。对于孩子来说，蚂蚁并不是小小的昆虫，而是可以瞬间变大的怪物。说它不可怕的父母传递给孩子的信息是：你现在做错了，你的想法不对，我真的不理解你的行为。**现在父母需要做的应该是以“针对同一个对象，解读方式的不同会引起不同的情绪”这一原理为基础，去洞察孩子的情绪。**

“每个人对同一件事的感受可能会不同。孩子跟我不一样。孩子的恐惧是一种自然反应。”

父母应该承认并尊重孩子的情绪。“原来你是怕它会伤害你才害怕的啊。那要不要暂时到妈妈（爸爸）身后躲一躲，看看蚂蚁是怎么爬行的？妈妈（爸爸）会保护你的。”这样说会更好。

没有必须隐藏起来的情绪

我曾经问过机器人的研发者：“假如能给机器人一种情绪，你想给哪种？”他的回答是“恐惧”。恐惧是一种为了保护自己而生发的情绪。机器人代替人类进入危险环境，它即便被摧毁或折断，也毫不退缩。其后果就是我们会失去昂贵的机器人。

机器人研发者表示，出于各种各样的原因，他们不想失去机器人。他们想让机器人感受到恐惧，懂得自我保护。恐惧不仅是一种自我保护的力量，也是守护社会的力量。一项研究结果显示，不知道害怕的孩子往往道德素质发展缓慢。道德素质的开端是对惩罚的恐惧。年幼的孩子跟《哈利·波特》中的多比一样。多比之所以不做任何被禁止的事情，是因为他害怕主人。同样，处于道德素质发展初期的孩子之所以遵守规则，是因为他们害怕被责骂（遵守社会规则是道德素质的核心，大多数规则是“别这么做”)。遵循规则的下一步是获得表扬。事实上，父母会让孩子知道什么行为是被禁止的，并说：“你不能这样做，爸爸（妈妈）会教训你的！”由此可知，我们是通过恐惧来学习社会规则的。

孩子的另一些情绪，如愤怒和悲伤，父母也能经常感受到。孩子通过尖叫、打闹或哭泣来表达自己的情绪。当孩子上托儿所或小学时，父母会越来越担心。有时候，正如父母担心的那样，有些孩子无法适应新环境，导致出现问题。如果孩子不愿意被单独留在自己不愿意待的地方，他们会感到愤怒和悲伤。我们通常称其为焦虑。父母想好好地处理孩子的这些情绪，但他们做不到，因为他们对这些情绪不熟悉。

父母不仅不了解孩子的情绪，而且不了解自己的愤怒和悲伤，对情绪知之甚少。有些父母相信，愤怒和悲伤是不好的，应该尽可能隐藏起来。当遇到孩子有情绪，这类父母也会感到焦虑或愤怒。但隐藏愤怒和悲伤却是他们会使用的唯一应对方法。告诉孩子“不要生气”或“不要哭”的父母，实际上也是在对自己说同样的话。这些父母的样子感觉熟悉吗？还是很陌生？事实上，许多父母并不希望自己和孩子感受到或表现出愤怒与悲伤。但是，为什么我们试图把愤怒和悲伤隐藏起来呢？愤怒和悲伤是不好的吗？这是一种我们不应该感受到的情绪吗？只有无愤怒或无悲伤的世界才是美好的吗？

如同恐惧一样，愤怒和悲伤是生活中必不可少的情绪。情绪会成为我们的动机，使我们行动起来，并让我们决定前行的方向。愤怒是目标受阻或受到不公平对待时感受到的情绪。生气的人会有什么反应？也许会去攻击那些阻碍自己目标实现的人，或者为了实现目标而更加努力。后者是健康的愤怒，是一种驱使自己去主动解决问题的力量。当然，这是只有能够很好地控制愤怒程度的人才拥有的力量。

同样，悲伤也有两副面孔。悲伤会让我们感到无助甚至轻生，但它会给予我们时间，让我们在短时间内从压力重重的世界中退出来，恢复力量。然而，我们害怕悲伤，在被悲伤的恶名“欺骗”后，会千方百计摆脱它的束缚。悲伤是一种失落的情绪。我们会靠吃东西或购物来填补物质损失造成的精神空白。事实上，一项消费者心理学研究发现，当商店播放悲伤的音乐时，销售额会增加。因为悲伤的音乐会让我们想起自己失去的东西。

悲伤不会随着购物或结识新朋友而消失。许多人生经历丰富的人和专家给出的忠告是：感受悲伤，再让它随风而去。**面对悲伤的正确方法是静静地等待，而不是靠其他东西来填补。**悲伤意味着现在无力对抗，这是暂时退后一步的信号。正如恐惧和愤怒一样，它是一种生存策略。

现在，与其否认孩子的恐惧、悲伤和愤怒，我们不如承认并关注它们的成因。

如何准确地向孩子表达情绪

如果父母没有准确表达情绪，孩子永远都不会知道

我在阅读诗人金素妍所著的《那些美好的时光》一书时，发现书中的许多语句会让有过旅行经历的人感同身受。书中说，旅行中最惬意的时候是回国之后。人在旅途中，会接二连三地遭遇困难。“出门就是在遭罪”这句话也适用于旅行。尽管如此，我们依然会不停地旅行，理由是旅行归来的我们创造出了属于自己的意义与价值，并对这些意义和价值感到十分满意。旅行的经历会让我们身处陌生之地时更加紧张，产生某种特别的感觉。其实，我们在日常生活中也有类似的经历。不管是旅行中还是日常生活中，压力或多或少都会累积起来，最终会转变为再也无法忍受的愤怒，并在某个瞬间爆发。

清晨，背着容量 40 多升的背包，抵达又一个陌生城

市的火车站。为了寻找住处而徘徊半天的小胡同、抢走我的背包的小偷逃跑的交叉路口，一个又一个十字路口都留下了我的身影。某个小旅馆前，一群孩子蜂拥而至，拉我的背包；某个男孩一直悄悄跟着我，有意无意地触碰我的臀部，我发现后愤怒地教训他、踹他，旁人跑过来劝阻我……那时，我怀着要把两个月来遭受的所有不公平待遇都发泄出来的气势追上那个男孩，仿佛要为自己报仇雪恨。多亏那些阻止我的人，我才清醒过来，意识到自己处于如此愤怒的状态之后，我跌坐在路边，放声痛哭。

——节选自金素妍《那些美好的时光》

我们在日常生活中会承受许多压力。压力是一种情绪体验，包括愤怒、悲伤和恐惧。如果这些情绪得不到疏解，它们就会堆积起来，在某一天爆发。

西方有句谚语——压垮骆驼的最后一根稻草。主人无意识地将一根稻草压在背负重物穿越沙漠的骆驼背上，精疲力竭的骆驼最终倒在了地上。压力大的人就像穿越沙漠的骆驼。意想不到的小事成为最后一根稻草。那些因看似不起眼的小事而竭力抗争的人，确实已达到了承受的临界点。然而，对于这突如其来的爆发，最不知所措、最惊讶的人不是别人，正是他们自己。

由于突如其来的情绪爆发无法自控，我们当时的表情不但夸张，而且恐怖。雪上加霜的是，对此一无所知的我们，却要求眼前的人为我们当时的情绪买单。例如前文提到过的“孩子洒水事件”。我认为让我尖叫和陷入尴尬境地的源头，就是孩子不小心把水洒了。周围的人却说：“你有必要这么生气吗？是不是太过分了？”孩子作为当事人，觉得委屈和不满，也觉得阴晴不定的父母十分可怕。当然，父母同样会因为孩子的一系列反应而觉得委屈。**“我内心苦不堪言，我生气的原因不仅仅是这一个。”但是这种想法别人不知道。假如在某一时间没有表达出来，那么其他人永远都不会知道。**这个时候说的“没关系”不仅仅是对别人说的，也是对自己说的。不是出自自己真心的“没关系”，不仅让我们感到委屈，也让别人感到被欺骗。这就是我们在悲伤和愤怒时必须要把这些情绪表达出来的原因。现在，留给我们的课题是：不要让悲伤和愤怒如脱缰的野马一样一发不可收。

在中庸和均衡允许的范围内表达情绪

是忍耐愤怒，还是把愤怒宣泄出来，这一争论由来已久。有人说，将愤怒宣泄出来，情感就能得到净化。“净化”一词，希腊语为“Katharsis”，有“排泄”之意。就好比我们体内的杂质被排除之后，会感到神清气爽。如果我们把自己的愤怒和悲伤宣泄出来，这些情绪就能得到纾解，心灵就能得到净化，我们也会感觉神清气爽。我们看悲剧时，可以感受到情感的宣泄。跟着剧中的人物一同悲伤哭泣之后，自己也会感觉十分痛快。而忍着愤怒不释放出来，就会患上“心病”。由此，无论是悲伤还是愤怒，都被释放出来，最终悲伤与愤怒都得到了宣泄。这种解释似乎更合理。

不过，还有其他观点。我们可能都亲眼看见过或亲身经历过这样的情形：抽泣转变为痛哭，争吵转变为暴力冲突。我们已经知道，我们不是因为害怕而逃跑，而是因为逃跑而害怕。**当一个人的行为转嫁到情绪上，这些情绪就会激发出更强烈的行为，进而引发更强烈的情绪。随着时间的推移，情绪和行为都会越来越强烈。**在这个过程中，我们会被自身的情绪淹没，以至于无法自拔。这显然不利于身心健康或正常生活。

那么，我们应该怎么做呢？是该表露情绪还是把它们隐藏起来？跟以往一样，中立的态度才为正解。也就是说，在“中庸”“均衡”所允许的范围内表达情绪。我们应该培养在可以控制和调节的范围内驾驭情绪的能力。再补充一句，不必把完全控制情绪作为目标。正如我们所见，不切实际的高期望反而弊大于利。

适当地表达自己的情绪，不但有益于身心健康，还可以减少人与人之间的争执，促进协作与团结。没有人会反对“人类是社会性动物”这一说法。他人在我们的人生中虽并不起眼，却经常成为我们压力的源头。

他人能带给我们巨大的痛苦，也能带给我们巨大的惊喜，这也许就是人类需要面对的最两难的困境。人类做出了明智的选择，那就是开发出了让它们可以共存的“技术”，其中最具代表性的“尖端技术”就是语言。其实，在语言体系还未发展到像今天这样准确、成熟、多样化之前，我们早已开始与他人“沟通”，比如用面部表情来代替语言。“愤怒”的表情意味着：“你是我实现目标的‘绊脚石’，我现在很清醒，可能会打你、踹你，现在你最好避开。”听到这些话（已理解）的人立即就会离开。**如果沟通得当，愤怒的表情可以避免纠纷或争吵。**进化心理学家表示，比起了解其他物种，更好地了解同类物种的表情或肢体语言，可以避免不必要的冲突，从而达到保护同类物种的目的，这就叫作“生存战略”。

表达情绪要注意方式

表达愤怒也要注意方法。情况和对象不同，表达愤怒的方法也应不同。如果朋友约会迟到了，适当地发发脾气就行了。否则，对方也会生气。

“来晚了是我不对，可是你这火也发得太大了吧！”

怎么发脾气才算适度，应该根据经验视情况而定。

有一种被社会认可的独特的情绪表达方式。这是**一套在特定社会情境下以何种强度表达何种情绪的潜在规则，被称为“情绪表达规则”（Emotional Display Rules）**。例如，去吊唁逝去的人时，即使很伤心，也不能比逝者的父母哭得更伤心；

在吊唁期间，即使遇到了引人发笑的场景，也不能笑；收到了自己不喜欢的礼物，也要掩饰失望，表示感谢。我们在与他人相处时，也在潜移默化地学习这些规则。

各种比较文化的研究资料表明，情绪的体验和表达存在文化差异。正如我们在日常生活中区分东西方文化一样，研究文化的学者通常将情绪的体验和表达文化分为个人主义文化和集体主义文化。众所周知，我们隶属于集体主义文化。由于集体主义文化看重群体的和谐与发展，所以羞愧、尴尬、内疚等社会情绪更加发达。慌张的面部表情和肢体语言可以让对方知道，我们不是有意而为之，以此来避免让对方生气。当然，在这之后，我们应该露出真心愧疚的表情。

教孩子懂得“情绪表达规则”

集体主义文化的另一特征是等级性和垂直性人际关系，但外露出来的情绪因社会地位而有差异。研究情绪的文化差异的松本（Matsumoto）说：“愤怒是上一级情绪，悲伤和恐惧是下一级情绪。”因为我们感知到的是伴随我们的社会地位而来的强大力量。

或许你不认可这种说法。你想教孩子诚实地面对自己的感受并公平地对待每个人。即便收到了令人失望的礼物也要微笑着说“谢谢”的规则，违背了“诚实地对待自己的感受”这一信念。你可能会苦恼这是不是在教孩子说谎。但我们也知道，遵守社会规则很重要。在教孩子如何表达情绪之前，这是一个必须解决的难题。

这种表达规则存在的问题几乎共存于一切文化中，应该算是一种善意的谎言。这是一种为了避免伤害他人感情的体贴和礼貌。幸运的是，孩子到了六岁，就能理解善意的谎言了。我们需要做的是理解“情绪表达规则”中为他人着想的相关内容，并把这些告诉孩子。这一原则适用于所有人，不论对方是否比自己更强或更弱，也无关年长或年幼。

我们从属于各个小群体，每个小群体的文化也各不相同。不同家庭、不同工作场所、不同学校、不同宗教团体和不同朋友，表达情绪的规则也有所不同；表达个人思想和情绪的自由程度、如何表达也有所不同。在一些群体中，必须保持冷静，不把情绪表现出来；在另一些群体中，允许口头表达；而在其他群体中则提倡以行为来表达。如果我们所属的小群体表达情绪的规则不同，就会出现混乱。当家庭和学校、宗教团体、朋友这些不同的小群体要求以不同的方式表达情绪时，我们必须理解各个群体的规则，根据不同的群体应用不同的规则。父母应该告诉孩子：群体不同，规则就不同；除此之外，还有一些与群体无关、每个人都必须遵守的共同规则。

生气时要遵守的规则是什么

你想教给孩子的“生气时要遵守的规则”是什么？

在对妈妈（爸爸）生气时

在对朋友生气时

在对陌生人生气时

是否应该看着对方的眼睛？是否可以指指点点？是否可以骂人？是否可以尖叫？是否可以说自己生气了？是否可以表露出生气的表情？是否可以直接离开那里？

引导孩子正确地发泄情绪

父母对待孩子的情绪无外乎有以下两种方式：一些父母忽视孩子的情绪，另一些父母引导孩子的情绪。首先，我们要明确一点，忽视孩子的情绪并不意味着忽视孩子。忽视孩子情绪的父母是在试图阻止孩子愤怒或悲伤的情绪延续。如果有可能，他们希望孩子一直快乐、平安，坚信自己必须把一切安排得完美无缺。在这些父母看来，童年不需要感受悲伤与愤怒，而应无忧无虑、平平安安地度过。

与之相反，努力引导孩子情绪的父母，会将孩子的愤怒或悲伤视为了解孩子、彼此接近的好时机。在他们眼中，童年是体验并学会调节所有情绪的训练期。我们可能更接近这两种父母类型中的其中一种。

诚然，忽视孩子情绪的父母默默地在努力为孩子创造安逸舒适的环境，但当孩子出现积极情绪时，他们同样几乎毫无回应。可见，这些父母不仅缺乏处理愤怒或悲伤等负面情绪的能力，还缺乏处理所有情绪的能力。当孩子过度情绪化时，他们就会感到不适，觉得自己被孩子的情绪压制，甚至惊慌失措、恐惧不已，认为自己没有驾驭情绪的能力。父母的焦虑也会使孩子感到焦虑，或者会放大孩子的焦虑。这种类型的父母会控制孩子的每一种情绪，以避免他们自己和孩子出现焦虑情绪。同时，他们相信，这样做是为了给孩子创造一个更加美好而舒适的环境。其实，忽视和控制孩子的情绪，反而会妨碍孩子社会情感（social emotion）的发展。

父母要控制自己的支配欲

我们重新回到父母处理孩子情绪的方式上去。试图引导孩子情绪的父母，要把目标放在同理心上，尽量控制自己的支配欲，把重心放在与孩子一起认识情绪上。这时需要认识的情绪，不仅包括孩子的情绪，还包括父母的情绪。

不过，有一点需要注意。引导情绪不是在任何情况下针对所有儿童的最佳方法。对于那些不善于调节个人情绪的孩子来说，父母的情绪引导会起到保护作用；而对那些善于调节情绪的孩子，父母的情绪引导有可能会起到反作用，会让孩子过度关注自己的情绪。假如孩子已经心中有数，父母仍喋喋不休，孩子就很容易怀疑自己的能力。父母的过分参与，就成了孩子发展独立应对能力的绊脚石。需要注意的是：并非所有孩子都善于调节自己的情绪，时好时坏才是正常的发展模式。试着回想一下，你是否有过“我们家孩子样样都能做好”或“我们家孩子基本上都做得很好”这类想法。其实，如果你能这么想——“我们家孩子大部分时候都做得挺好的，只是有时候还不能独立解决问题，到了那时候再帮他吧”，就足够了。

第 4 章
通过视线了解孩子的内心

· 在《蒂凡尼的早餐》(Breakfast at Tiffany's)中，奥黛丽·赫本饰演的霍莉·戈莱特从清晨开始就注视着一家珠宝店。

· 站在人行横道上的男人正盯着一个人的包看。

· 疲惫不堪的年轻妈妈凝视着熟睡的小宝宝的脸。

· 一个男人望着我们，渐渐走向我们。

· 牵着妈妈手的孩子仰望着天空。

· 坐在咖啡馆里的男人看着手机，坐在他面前的女人看着他。

· 十几岁的孩子独自站在沙滩上，凝望着夜色笼罩下的大海。

上面的场景中出现的人物，都在想些什么？他们有何种情绪？当我们想了解他人的想法时，就会关注他们在注视什么。

我们注视着某个对象，就意味着我们喜欢这个对象，或者会针对这个对象立即付诸某些行动。我们知道，“注视”的背后是心灵在起作用。我们的内心，总是倾向于我们在意的某人或某物。有句话叫“狐死首丘”，意为狐狸将死时，一定会把头朝着它居住的洞穴。头所朝向的方向表明了狐狸的内心世界。也许在即将死去的那一瞬间，狐狸正凝望着故乡的方向。而现在的你，正凝视着哪里？

我们每天都会遇到陌生人。工作中遇到的人、朋友介绍的人、大街上擦肩而过的人、超市里付款的人、公交车上的人……不管是出于什么原因，我们必须判断对方是要伤害还是帮助我们，要在短时间内获取能够洞察对方内心的信息。我们会不自觉地望着对方的脸，尤其是他们的眼睛。由于时间太短了，无论是作为凝视者的我们，还是对方，几乎都未意识到。可能会有短暂的眼神沟通，但大多数时候都可忽略不计。但是，长时间盯着陌生人看很不礼貌，这是一种不成文的社会规则。如果我们知道有人在盯着我们看，不但会让我们觉得很不舒服，还觉得可怕。街头发生的争执通常是从“看什么看”这句话开始的，因为我们会把“他人注视着自己”解读为“带有某种攻击意图”。

当然，我们不可能去怀疑、害怕大街上经过自己身边的每一个人。这时，我们的策略是：有选择性地注意那些看似危险的人。这其实不是有效的策略，因为我们无法仅凭外表识别危险人物。使用我们惯用的策略，即去探究对方在注视什么，反而更令人信服。他在注视我们吗？看我们多久了？

凝视双眼，可以洞察彼此的内心

孩子可以透过我们的脸洞察我们的情绪

尽管脸在我们身体上所占的面积很小，却聚集了许多重要的器官：眼睛、鼻子、嘴巴、耳朵、眉毛和头发。其中，一些器官还富有“动感”：眼球转转，鼻子动动，嘴巴一张一合，眉毛上下挑动，有些人的耳朵也能动。复杂而充满活力的脸对小宝宝是一种有趣的刺激。最重要的是，脸会立刻对小宝宝的行为做出反应。这是世界上最有趣的“玩具”，其中眼睛最有魅力。白底上的“黑色圆圈”转个不停，每眨一次眼，它就会先消失再重现。看着小宝宝目不转睛地盯着我们的脸，我们真的会误以为小宝宝“坠入了爱河”。得益于这些错觉和误会，双方变得越来越亲密。

成年人也很喜欢脸，即使他们已不再是小宝宝。在这个世界上的一切事物中都可以找到脸的影子。我们一看到排列呈倒三角形的物体就会想起人的脸；登山时，在岩石或树叶上都能发现脸的影子——“那个像不像脸？”

决定脸的是并排的两个相邻的点。在这两个点下面找到可以称为“嘴”的点或线，一张脸就完成了。

成年人虽然也像小宝宝一样凝视他人的双眼，但看到的东西比小宝宝多得多。通过观察眼神、眼睛的颜色、眼睛的形状、眼球的转动、眼球瞳孔的大小，可以洞察到更多的东西。从晃动的眼眸中可洞察到不安；从渐渐变大的眼眸中可洞察到爱；从湿润的眼眸中可洞察到悲伤。即便没有“眼睛是暴露于外的大脑”这一科学家的解释，长期以来，我们也一直认为“眼睛是心灵的窗户”。

眼部和嘴部是洞察他人的内心，尤其是情绪的重要线索。比起眼睛，嘴部的动作更加自由，它利用嘴唇、舌头和口腔中的空间发出各种精妙的声音。这种能力最终转化成语言。与之相比，眼部的动作仅限于眼球转动和眼皮上下跳动。动作的自由度不同，就意味着根据情况制造假象的程度也不同。

即使内心充满了悲伤、愤怒、尴尬，我们也可以露出笑容。此时我们主要使用的身体器官是嘴。在职场、学校或家庭中，根据不同情况而露出的微笑，称为“社交式微笑”。它是一种为了表现出得到社会认可而隐藏个人真实情绪的社交技能。也是孩子在收到令他们失望的礼物、服务行业的从业者工作时使用的微笑。此时，我们会紧绷脸颊的肌肉，将嘴角上扬到两侧，形成微笑的表情。因此，**我们才会相信，眼睛比嘴更**

接近真实。在微笑的嘴角和悲伤的眼眸中，我们认为真实的是悲伤的眼眸。我在讲课的过程中，要求学员通过面部表情来表达他们的双重情绪，当被问到哪种情绪更接近真实时，大多数人选择通过眼睛表达出来的情绪。那么，请试着通过面部表情来表达“哭笑不得”这种情绪吧。

眼睛能让我们更好地洞察他人的内心

透过更接近真实的眼睛，我们对内心的洞察能有多深？

有一个测试叫“眼神读心测验”（Reading the Mind in the Eyes Test，简称 RMET）。该测试仅显示眼睛部分的各种图片，被试者根据图片推测并选择出人物的情绪状态。幸运的是，其中的问题不是主观题而是客观题。在每道题中，被试者只需从四个与情绪相关的词汇中选出一个合适的即可。例如，在看起来年纪大的男人眼部照片下的选项是“嫉妒的、恐慌的、傲慢的、非常厌恶的”。而在另一张年轻人的眼部照片下出现的选项是“充满顽皮的、安慰的、神经质的、无聊的”。这些照片中的男女都是著名演员或模特，或者是电影中或杂志上的某个场景。或许是因为照片中人物面部表情的感染力较强、具有典型特征，所以在一定程度上能够准确地被被试者区分出来。相比之下，日常生活中的人们面部表情的感染力较弱，且会迅速消失，因而很难被注意到。经研究证实，该测试的分数与心智能力有着一定的关联。换言之，**眼睛能让我们更好地洞察他人的内心世界，更好地了解他人的愿望、信念和意图。**正如我们所料，在这一方面，女性比男性更胜一筹。

运用这一测试，可以了解你和孩子的心智能力。找一张你或孩子的照片，只露出眼部，其他部位都遮住，然后猜猜是何种情绪。如果没有照片，可以用手机拍照。这样的照片比上述观察陌生人眼神的测试更接近真实。当我们这样做时，就能发现通过眼睛可以洞察到和洞察不到的东西。

眼神沟通对改善亲子关系的重要性

孩子的视线偏向别处，父母会感到被忽视

我们注视着某人或某物的行为，意味着对该对象感兴趣或者认为其有价值。因此，在交谈的过程中，如果**对方的视线偏向别处，我们会感到被忽视，**认为“原来不在意我啊”或者“是不是觉得我无关紧要？”

即使我们不是谈论重要的事情，跟对方进行眼神沟通也相当重要。

一个下午，爸爸一如往常地问孩子：“今天怎么样？”这只是习惯性地打招呼，没有特别的意思。可是，当孩子一边敷衍地回答着“嗯”，一边注视着电脑时，爸爸感觉孩子是在有意忽视自己，怒火瞬间被点燃。

“眼睛看着我回答。”

即便如此，孩子还是连看都不看一眼。爸爸的话锋急转直下："都玩了好几个小时了，立即关掉电脑！"

不出所料，现在双方不可能进行友好的对话。如果爸爸先说："现在我有一种被你忽视的感觉。"孩子会作何反应？孩子并非有意忽视爸爸，他可能会对自己的行为被误解感到惊讶。说不定孩子还会不好意思地笑着说："什么呀！干吗这么想？"

"看"这一行为与权力有关。注视着对方的人与不注视对方的人之间的关系并不平等。弱者必须一直注视着强者，而强者则可以自由地看其他地方。另外，如果是一对相爱的人，彼此会凝望；但如果是单相思，则只有一方默默地注视另一方。在这种情况下，视线停留在别处的人，并不在意自己的行为；而对于注视着对方的人而言，"看"这一行为非常重要。"看"意味着在向对方传递这样的信息："我关注着你，你是值得被爱的人。"

眼神沟通可以改善亲子间的关系

我们认为，视线在哪里，心就在哪里。因此，我们可以通过观察对方视线停留的地方，揣摩对方的想法。彼此对视，意味着彼此都比较重视对方。

彼此对视的时候，不仅仅是看对方的眼睛。最近的一项研究表明，视线在面部停留的位置不同，我们读取到的情绪也不同。为了测定人的视线在面部哪些位置停留的时间更长，研究人员使用了视线追踪设备。

当看到面部表情愉悦或烦躁的照片，视线停留在嘴部周围的时间更长；当看到面带愤怒和悲伤的照片，视线停留在眼睛周围的时间更长。这就意味着通过面部表情识别情绪时，我们利用的线索并不相同。嘴部让我们感受到了喜悦，眼部让我们发现了愤怒与悲伤。

另一项研究表明，我们从对方的眼神中最快察觉到的是恐惧。因为这是一个信号，表明存在危险和威胁生命的东西。

由此可知，虽然我们并不总是能意识到，但是从他人的“脸”上确实可以获得很多信息。一般来说，男人比女人感情迟钝，原因之一是他们与对方的眼神沟通过少。当孩子说“没关系”时，爸爸立即就信，妈妈却读到了孩子眼中的愤怒和悲伤。这就是为什么妈妈和爸爸对孩子所说的话的反应会不一样。很明显，只要跟孩子多一点点眼神沟通，父母与孩子的关系就有机会得到改善。

进行眼神沟通的练习非常有必要

与幼儿说话时，父母会降低姿态并进行眼神沟通。然而，随着孩子年龄的增长，父母与孩子眼神沟通的时间越来越短。孩子交的朋友越多，在外面度过的时间就越长，跟父母交谈的机会也就越少，即便在客厅、餐桌或玄关处碰到了，也只是擦肩而过。大多数专家指出，家人之间面对面进行眼神沟通十分重要。

随着年龄的增长，在我们的人际交往中，能够彼此对视的人越来越少。仔细回想一下，我们会发现能跟自己对视 10 秒钟的人，用五个手指头都数得过来。在课堂上，我偶尔要求学员彼此用最亲切、最善意的表情对视 10 秒钟，他们最终都没忍住，仅几秒钟后就笑着转过头去。

如前所述，长时间注视着陌生人，是一种令人意外、感到奇怪的行为。那些可以跟我们长时间对视的人，早就被归入好朋友和值得信赖的一类人中了。然而，即便是关系亲近的人，彼此对视时也显得比较尴尬。

请思考一下：如果不注视对方，你会失去些什么？可能会错过从面部表情和眼神中洞察到的思想和情绪；可能无法传递那些不能通过语言表达的心声；可能无法识破他人的谎言。**你失去了一个传递和洞察内心的重要途径。有时候，进行眼神沟通的练习非常有必要。**

我们通过眼睛在传递什么信息？孩子能从我们的眼神中感知到什么？

望着映照在镜子中的“我们的眼”，能否洞察出“我们的心”？

想要“占领”视线的渴望

一直盯着孩子看，也会增大孩子的压力

我们不可能在整个谈话过程中一直注视着对方的眼睛。“注视”本身就是我们对对方有某种想法的信号。无论想法是好还是坏，持续的注视都会让对方有压力。这就跟一遍又一遍地重复说同样的话一样。

“我关注着你，我关注着你，我关注着你，我关注着你，我关注着你……”

如果有人一直重复同样的话，我们不但会腻烦，甚至觉得可怕。这就等于我们身边有个喝醉了酒的人，一遍又一遍地重复同一句话。这种人让我们感到厌烦和生气。另外，如果在路上碰到一直喃喃自语的人，我们就会不由自主地避开他。同样，一直注视着对方，也会令对方感到不舒服。

课堂上，老师如果一直注视着一个学生，那个学生会感到

不安和焦虑："怎么回事？我做错什么了？"同时，他周围的其他同学也察觉到了这种微妙的气氛，"怎么了？他发生了什么事？是好事还是做错了什么？被老师盯上了？"他便更尴尬了，因为这种注视不是在课堂上自然而然出现的行为。虽然与他人对视很重要，但是我们必须合理分配目光。如果有人无法将目光从爱人或恋人身上移开，那很有可能不是真爱，而是一种纠缠。同理，如果父母一直盯着孩子看，也会增大孩子的压力。特别是处于青春期的孩子更是如此。

停止说"看这里"，而是问"你在看什么"

> "请看这里，真的是亮闪闪的哦。"
> "请看这里，飞舞的样子好像一只灵动的蝴蝶。"
> "请看这里，看起来真的很有食欲！"

电视购物节目的主持人会想方设法吸引观众的目光。"请看这里"就像魔咒一样抓住了观众的视线，让观众的眼睛跟着主持人的"指示"走，并定格在某个画面上。主持人的话非常入耳，会有意引导观众订购产品。在如此冲动的情况下购入的那些商品，被堆放在墙角，最终被扔掉。

我们都有因为购买了计划外的东西而后悔的经历。"请看这里”中暗含着支配我们的思想和情绪的意图。

与电视购物节目的主持人一样，还有一群人试图吸引孩子的视线，那就是父母。父母就像电视购物节目的主持人一样，大喊“看这里”，因为他们想吸引孩子的注意力。他们可能是希望告诉孩子一些自认为重要和有价值的事物。可是，从孩子的角度看，这可能带有强迫性。孩子选择通过看、听、触摸来探索这个世界的愉快体验被剥夺了。

下面这种情境经常发生在父母和孩子玩耍时。有些父母可能比孩子更热衷于玩玩具。为了吸引孩子的注意力，父母会做出夸张的动作，发出奇怪的声音。在玩具火车开动后，父母口中会发出“嘀嘀嘀嘀”“咔嚓咔嚓”的声音，而且还不忘记对孩子说“看这里”。此时，如果问父母为什么要这么做，父母会回答：“我家孩子除了玩玩具，对别的都不感兴趣。”真的是这样吗？是不是因为父母没有给孩子看其他东西的机会？或者孩子在看别的东西，父母不知道罢了。

父母这么做，源于他们相信“玩玩具火车最适合孩子”。因此，当有人说孩子似乎不太喜欢火车时，他们会反驳说在自己的记忆中不是那样。作为证据，父母还会补充说自己真的经常看见孩子拿着玩具火车玩儿。遗憾的是，记忆不能保证一定真实（如果我们的记忆是真实的，我们真的希望自己没跟父母或朋友发生过争吵）。

记忆不是对现实的复制，会被歪曲、遗忘或者出现偏差。此外，由于关注点具有选择性，以至于我们只看自己想看的，会在认知范围内去“看”。即使见证了事件的全过程，我们也只是努力去记住那些与自己的期待一致的事物，曲解与自己的期待不一致的事物。

由此可见，父母看到的也可能只是事实的一部分，或者是被曲解为符合自己期待的那部分。父母并不能肯定孩子是否一直喜欢玩具。让父母得到满足的，并不是孩子的内心世界，而是被他们“创造”出来的内心世界。如今，父母依然呼唤孩子“看这里”，即便孩子逐渐长大，也无法停止说“看这里”。

生活在父母创造的世界里的孩子会幸福吗？在电影《楚门的世界》（*The Truman Show*）中，主人公楚门就生活在一个人为营造的完美的世界里。每个人都对楚门非常友善。为了让他的生活没有后顾之忧，大家为他准备好了所有的一切，看起来这就是一个完美的世界。尽管如此，楚门还是凭借自己的意志和力量逃离了这个世界。

父母期望孩子能够飞出父母的羽翼，创造属于他们自己的世界；父母希望孩子能够独立生活，并对他们的独立予以支持。然而，一个人要想真正拥有独立的人生，必须拥有选择和管理的力量。因此，父母应该把选择的机会还给孩子。从父母不再说“看这里”而是问“你在看什么”的那一刻起，孩子的独立就真正开始了。

“联合注意”——心心合一才算是沟通

做到“联合注意”才能算作沟通

“联合注意”（joint attention）：两个人的视线聚焦于同一个对象的行为。

有两个人在一家服装店看同一件衣服。这两个人看了看衣服就转移视线，彼此对视，然后看着那件衣服（“联合注意”的对象）并进行了以下对话。

一个人指着衣服的袖口说：“我从来没见过这种颜色，看起来像是混合了两种颜色，可又不知道到底是什么颜色，比较独特，不错。”另一个人也看着袖口赞同地说：“确实是这样。”之后，两人都笑了。

上面例子中的两个人关注的是同一个东西，因此才能分享彼此的想法和情绪。这两个人产生了可以一起回忆和谈论的共同的记忆。

体现社会能力发展的里程碑之一便是“联合注意”，特别是在语言发展方面，它扮演着重要角色。婴儿通过与父母的互动学习语言。在模仿父母说话之前，小宝宝已经能够进行一定程度的沟通。父母在说话时，相信他们的宝宝虽然不会说话，但能听懂是什么意思。

“看那边！哇，小狗狗啊！”

“这是什么？好漂亮的花啊！”

“爸爸（妈妈）从那边过来了，说‘你好’！”

然而，以上这些话都是单方面的，从严格意义上讲，不能算作沟通。可以这么认为，只有对方做出符合说话者期待的反应时，才能算作沟通。当对方毫无回应，或者说出风马牛不相及的话，即便是成年人，也会感到郁闷——“跟这个人根本没办法沟通！”

沟通的基础是关注同一事件。我聊花，对方也聊花。这正是两个人的“联合注意”能力得以发挥出来的时刻。如果孩子知道父母在关注什么（他们在看什么），即使孩子不会说话，双方也在沟通。

令人惊讶的是，连婴儿也有沟通的能力。

孩子与父母“联合注意”的过程

“联合注意”能力从婴儿时期就开始发展了。孩子第一次表现出“联合注意”能力的年龄大约为出生后6个月大（一些研究人员认为有可能更早）。我们早就知道，小宝宝对妈妈或爸爸的脸十分感兴趣，也深知为什么会有这种表现。某一天，孩子突然发现，在父母把脸偏向一边并发出声音的时候，脸（后来是眼球转动）朝向的那边有某些新鲜、有趣的东西。“这个人看着的那个地方，原来有某些新鲜、有趣的东西啊！”随着这种情况的反复发生，孩子懂得了“注视（凝视）”这一行为的含义。“注视”这一行为的背后有心灵在起作用。

在父母想要看什么的时候，孩子也会随着父母的视线看向同一个地方。例如，妈妈想看左边的杯子，宝宝也会看那个杯子。但如果妈妈没有注意到这一点，孩子就会看看杯子，又看看妈妈，好像在说：“妈妈，看看那个杯子！”后来，当孩子能更加灵活地运用手和手臂时，父母就会以用手“指”来代替“看”。孩子能看向妈妈（爸爸）手指着的方向，还能指着某个东西让妈妈（爸爸）看。最终，孩子从“手指着月亮”上升到“看到月亮”的阶段。父母与孩子终于实现了“联合注意”。在“凝视”或“手‘指’”与某种意义联系起来后，孩子就有了语言或心智能力发展所需的跳板。

在我们与他人合作时，“联合注意”能力必不可少。“合作”需要两个人朝着同一个目标共同努力。我们是需要与他人合作才能生存的动物，从这一点来说，“联合注意”可被视为一种生存能力。

要关注孩子对什么东西感兴趣

“联合注意”是建立某种关系的基础。通过关注同一个事物，两个人可以有相同的经历，谈论相同的话题。如果两个人都有对同一个地方的记忆，那么进行心与心的沟通就更容易了。当回想起去时装店的经历时，哪些地方让自己很开心、现在回想起来有多幸福、对方是什么心情，都是两个人可以沟通的话题。不能分享这些记忆的人，就无法参与到聊天中，这个人就会觉得自己被排除在关系外，被疏远了，感到孤独或无聊。随后，拥有“联合注意”的两个人可以把聊天的主题告诉这个人，即告诉他两个人共同关注的对象是什么。此时，可以“联合注意”的人由两个增加到三个。这就像两个人先一起打球，然后又把球扔给第三个人，大家一起玩。现在三个人可以一起打球了。尽管球是那两个人的，但三个人一起玩球已不再是问题。三个人通过关注同一件事，拥有了共同记忆。

父母应该如何与孩子一起制造回忆呢？大多数父母都带着孩子旅行过。然而，随着时间的推移，父母和孩子能一同分享的回忆并不多。相对来说，父母付出的努力更多，失望在所难免，但这也是很自然的结果。我们的兴趣和价值观不同，看到的也不同。尽管面临这样的难题，但只要再稍稍努力一下，就可以制造更多的回忆，并让回忆成为记忆。研究表明，父母通过对话来给孩子制造回忆，这叫“社会建构记忆”。父母可以通过和孩子一问一答，问孩子旅行或购物时看到的、听到的事物，使孩子的自身经历得到重新构建。这样，与父母一起做的那些事，会长久地留在孩子的记忆里。当然，在进行这样的对话之前，首先要有同一个关注点。父母要偶尔让孩子知道自己的关注点，也要偶尔跟孩子一起看看他们所关注的事物。

由那些因为缺乏“联合注意”能力而引发的事件可知，与他人共同关注（凝视或察看）同一个事物有多么重要。其中典型的例子就是那些患有孤独症谱系障碍的人。他们难以与他人互动，“联合注意”能力低下是其中一个重要原因。如果不能与他人关注同一个事物，就难以沟通或合作。

即使没有这些障碍，我们有时也会以自我为中心，不想知道他人的关注点在哪里。可我们也要知道，没有人想跟目空一切的人在一起。

对于孩子来说，不关注自己对什么感兴趣的父母，只会让他们感到无聊。孩子最兴奋的时候，就是聊自己正在看的那些东西的时候。

这里所说的“联合注意”，并不仅限于外部视线，跟孩子聊他们关注的话题和主题也属于“联合注意”。那么，该如何知道孩子的关注点呢？如果问孩子“最近对什么感兴趣”，孩子可能会回答“没有”或“不知道”。不妨问一些孩子比较容易回答的问题，如“最近看得最多的是什么”。

是引导孩子，还是跟随孩子

对孩子所看到的东西做出有意义的回应

父母总是在两条路的交叉处徘徊，是该按照自己的想法去引导孩子，还是该满足孩子的心愿？“父母主导型”教养方式与“孩子中心型”教养方式的争论由来已久，至今我们仍在二者之间摇摆不定，尚未得出定论。这一争论还涉及上文所提到的“关注点”，引导孩子的关注点和跟随孩子的关注点，哪个更有利于孩子的发展呢？

在了解相关研究结果或专家的意见之前，有必要先确认一下父母的想法。因为以何种方式养育孩子、优先考虑谁，取决于父母的意愿——我们想要的是什么？我们相信的是什么？我们的目的是什么？我们正计划做什么？

“我希望孩子能过跟我不一样的生活。我会告诉孩子如何不犯错。”

“比起孩子，我的经验和知识丰富得多。按照我说的去做，不会出什么差错。孩子听我的话就行了！”

“我曾经生活过的世界跟孩子的不同。我不可能总是对的，人生最好由自己决定。我要做的就是百分之百支持孩子做他想做的事。”

“距离孩子拥有独立做决定的能力的那一天，还有一段时间。在这之前，我必须管教好孩子。在孩子能够对自己所做的决定负起责任之前，他必须听我的。”

发展心理学家认为，与其有意引导孩子的关注点，不如跟着孩子的关注点走；与其说“请看这里”，还不如问“你在看什么”。父母要做的是对孩子所看到的东西做出回应。回应并不是说被牵着鼻子走，而是从孩子正在看的东西中寻找意义并进行扩展。假设一个孩子正在看一条爬行的毛毛虫。在孩子眼里，那只不过是一小团长长的绿色的东西在蠕动，是一个非常有趣的景象。然而，从父母的角度看，比起令人恶心的虫子，欣赏美丽的鲜花似乎更令人心情舒畅，或者观察玩具汽车学到的知识会更多。于是，这一类父母试图让孩子的目光从毛毛虫身上转移到鲜花和玩具汽车上，并故意大惊小怪地说：“看看这个！真的很漂亮，是吧？”父母想用这种夸张的语气和动作引起孩子的注意。父母的目的是把在未来可能会对孩子有价值的东西展示给孩子看。然而对孩子来说，一动不动的花或玩具汽车，并不能长久地吸引孩子的注意力。与愿望或意图相反，父母的这些行为传递出的信息可能是：孩子的选择并不重要，甚至是错误的。鲜花和玩具汽车真的比毛毛虫更有价值吗？父母并不是评估和批评孩子选择的“监考官”，而是让孩子的选择更有价值并让孩子找到其中的意义的“引导人”。

“原来是发现了一只非常可爱的毛毛虫啊。它扭来扭去是想去哪里呀？哇！毛毛虫的腿真多啊！”

站在孩子的角度重新看世界

父母必须把自己的想法跟孩子的想法分开，要清楚地明白每个人都有独立的思想与情感。有句话说，父母在教养孩子的过程中也会得到成长。这句话的意思是，要站在孩子的角度重新看世界。用三岁孩子的心灵看世界，用十岁孩子的心灵看世界，用二十岁年轻人的心灵看世界，都会让你活出新的人生。如果一直固执己见，就会错过开始新生活的机会。

都说眼睛是心灵的窗户。眼睛在哪里，心就在哪里。我们关注着何处，我们的心就在何处。当我们看到他人关注某处时，我们就能在某处看到这个人的内心。“看”这一行为最重要的特征是：现在，这里是关注点；为了洞察此时此刻在这里的人的内心，我们需要关注对方所关注的东西。就我们而言，重要的是把精力放在“此时此地的此人”身上。

世界上最重要的时间是什么？就是此时此刻。

世界上最重要的事是什么？现在正在做的事。

世界上最重要的人是谁？就是现在在你眼前的人。

——列夫·托尔斯泰

第 5 章
不用心倾听的父母

"怎么了？"

"我不想上辅导班。"

"那也得去。"

"这个辅导班不适合我。"

"人不能只做适合自己的事！"

"反正您也不会听我的，那还问我干吗？"

上述对话在母子之间很常见。从中我们可以看出，我们是如何倾听孩子说话的。从表面上看，双方是在谈去辅导班上课的事情，看起来没什么大问题。但双方谈话都没有触及对方的内心，只是在问题的表面上转。他们隐藏起来的想法和情绪是什么？

妈妈一听到孩子的话，可能会想“又开始了”，同时伴随着烦躁。此时，妈妈心中“只要顺了孩子的心意，孩子就会越来越不听话”“所有孩子都去辅导班，如果不去就会掉队”的信念，压倒了“应该听听孩子的想法，了解孩子的情绪”的念头。

父母有时是老师，有时是法官，有时又是心理学家。也就是说，我们除了扮演“父母”这一角色，还扮演着其他角色。我们会无意识地陷入“以角色来区别对待他人”的危险境地。亲子双方可扮演的角色有：父母与孩子、教师与学生、法官与被告、咨询师与来访者。当我们分别扮演这些角色时，会发生什么？一个有趣的实验给出了答案。

斯坦福大学心理学系教授菲利普·津巴多（Philip George Zimbardo）启动了一项社会心理学实验，叫“斯坦福监狱实验”（The Stanford Prison Experiment）。实验一开始先是随机分配人员扮演看守和囚犯，尴尬的“演员们”很快就进入了自己的角色。看守对囚犯十分残酷，囚犯们无条件地服从，承受着巨大的压力。情况比津巴多预想的严重得多，实验最后不得不提前终止。当然，我在这里并不是想说父母和孩子就好像看守和囚犯一样，只是想指出：我们可能会以角色来区分“我们”和“他们”，却忘记了——对方与我们其实都有同样的想法。因此，我们在扮演“父母”这个角色时，偶尔会认为孩子是跟自己不同甚至有点奇怪的存在。另外，当父母还扮演教师或法官的角色时，父母与孩子的心理距离会拉得更大。为了了解与自己过于不同的孩子，大多数父母会转而向周围的人寻求意见，也会阅读育儿或儿童心理类图书，听相关讲座。可是，尽管积累了丰富的知识和经验，抚养孩子依旧困难重重。这并非由于父母的关心和努力不够，很有可能是因为父母与孩子实际上处于一种隐性的分离状态。我们要记住，父母与孩子都是人，相同点多于不同点。如果想跟孩子和睦相处，父母须谨记“待人如己”这一格言。

父母“已对过话”的错觉

说话≠对话

我们都想成为好父母。我们也知道做好父母需要与孩子进行有效的沟通。因此，很多父母为了与孩子进行有效沟通而竭尽所能——接受教育、听取他人建议，还想方设法通过互联网与孩子沟通。这些努力的效果如何?

很久之前有一项调查，其中一个问题问到了父母和孩子的对话频率。父母们的回答是:“经常跟孩子对话。”而孩子们的回答却是:“没有。”为什么会出现这么大的差异?父母的标准是说话的频次;孩子们则表示，父母说的话多数是耳提面命或日常例行提问，这根本算不上对话。其实，父母认知的这种说话（对话）倾向一直持续到现在，并无太大变化。

“今天干什么了？学习了没有？不累吗？吃了没有？”

“洗完再吃。别再看手机了。什么都要吃。适量饮食、多运动。”

我们知道，即便是习惯性脱口而出的话中也蕴藏着心意。那么，上述这些孩子们不认为是“对话”的话中蕴藏着怎样的“心意”？小时候，妈妈问我们：“吃饭了吗？”我们会直截了当地回答：“嗯。”有时候我们甚至还很不耐烦，内心暗暗地想：“吃饭有那么重要吗？每天都问同样的问题。”后来，随着年龄的增长，我们竟然开始想念“你吃了吗”和“路上要小心”这样的话，有时还会为之感动。这是因为我们已经长大了，能透过这些看似朴素的话语明白父母蕴藏在其中的心意。

孩子理解父母的真心，需要很长的一段时间。可是，**如果父母把自己的心意表达得更直白一点，把说话变成对话，就能够缩短这个时间。**如果能早一点了解彼此的心意，将来后悔的事情会不会少一点？

对话不顺利是否错在孩子

对话：面对面互相交谈。

沟通：把意见或意愿明确地传递给他人。

相互理解：彼此交流共同的想法和意愿。

交流：通过话语、肢体语言、图片、符号等相互表达意愿、情感和思想的行为。

对话不仅仅指面对面交谈，还包括沟通和相互理解。当我们遇到问题时，会说“通过对话来解决”，这出于“对话能解决问题”的信念。不过，我们的实际经历会有所不同。有时对话反而会引发冲突，甚至导致冲突升级。明明是在面对面交谈，但彼此之间却没有相通的感觉，像是在对着墙说话，郁闷和挫败感剧增。

关于对话，我们存在一些误解：说得越多越好；通过对话可以解决任何问题；只要我们说，对方就会明白；对话时一定要坦诚相待。另外，我们还误以为自己话说得清晰准确。这些视对话为灵丹妙药的态度和莫名其妙的自信，只会让我们与孩子的对话变得更加困难。一旦对话不顺利或者问题得不到解决，就必须有人站出来承担责任。究竟是谁让对话变得如此困难的？大多数人都会说“都怪你”。

关键是如何与孩子对话

一位相信一切问题都应该通过对话来解决的妈妈，为亲子关系紧张的儿子和爸爸创造了一个对话的机会。

对于孩子的行为，爸爸表达了自己的看法（做出了评价）。

“我无法理解你的行为。为什么一听到我说制订计划，你就发脾气呢？”

儿子低着头，默默地听着。

爸爸叹了口气，继续说：“告诉我，你到底为什么会这样。爸爸想了解你，所以才坐在了这里，你是不是也应该配合一下。”

“我有自己的计划。”

“什么计划？总想着做些没用的事。”

众所周知，对话是解决问题的有效手段。彼此有矛盾的人见面后，在互相诉说自己的感受和情绪的过程中，累积起来的误会也得以消除。但事与愿违，许多对话并不尽如人意。由于矛盾与误会是对话的主题，对话的气氛会很沉重，甚至很有可能转变成相互指责或者为自己辩解，这种对话氛围会导致问题不但得不到解决，反而可能会越来越严重。那么，这场**对话的结果就只是再次确认了彼此间的差异而已。**与其这么对话，还不如按兵不动。因此，解决问题的关键点不是对话与否，而是如何进行对话。

表述得很清晰也可能会被对方误解

我们当然期待能听懂对方说的话，可是总有听不懂的时候。明明每一个词语的意思都懂，可我们理解的却并不是对方想要表达的意思，时常弄得我们一头雾水。例如，“慢点儿吃”这句话已经足够简单明了，看起来没有令人误解的可能性。但是，这句话可能被误解为“什么啊，嫌我胖吗”或“我看起来就那么像‘大胃王’吗”。

怎么去理解说话者的意思，取决于倾听者之前的经历和现在感兴趣的事物。如果说话者对“吃”感兴趣，而倾听者对“减肥”感兴趣，那么，同样的一句话，说话者想表达的和倾听者理解的意思就会不同。因此，说话者自认为话说得非常清楚明了，可在倾听者看来，这句话的意思模棱两可，具有双重含义。

造成这种对话结果的原因是对话双方之间隔着两条鸿沟，一条是生理上的，另一条是心理上的。生理鸿沟可以由行动来填补。我们可以通过大声说话和使用更多的面部表情、手势来填补；心理鸿沟可以通过我们的性格、知识、经验、情感等来填补。**说话模糊不清、模棱两可，会拉大双方原本就存在的心理鸿沟。鸿沟越大，误会和曲解也就越大。**

倾听有时候不仅是单纯地听对方说话，还需要进行释义。当孩子说“糖果看起来很好吃”的时候，当朋友说“这双鞋很漂亮”的时候，我们必须明白这些话到底是什么意思。他们可能只是单纯地在诉说一个事实，即糖果很好吃和鞋很漂亮；也可能是想吃美味的糖果或者买漂亮的鞋；还可能有让我们买糖果或鞋的要求（意图）。事实上，在日常生活中，我们经常会这样把话说得模棱两可，但我们却自始至终都未发现——这些话到底有多么含混不清。如果对方听不懂，我们就会发火，责备对方不关心自己，或者一肚子怨气；如果对方说听懂了，但理解的意思又跟我们想表达的不一致，我们又会因对方不懂装懂而再次发脾气。反正我们只负责说，理解话的意思的责任全在对方那里。因为我们相信对方肯定能理解我们的话，所以根本没想过对方会误解，并且还理直气壮地这样想："你是在骗我吗？到底为什么听不懂？"其实，事实的真相可能并不是对方在欺骗我们，而是我们被自己欺骗了。

与孩子对话要学会准确填补"空白"

我们通常在想要传递新信息时才说话。当我们认为对方可能不太明白的时候，会清楚而具体地进行说明。同时，在说话的过程中，我们会不停地确认对方是否听懂，并且尽可能地利用对方所掌握的知识或者通过比喻，将话说得浅显易懂，如"像骑自行车那样就行了""可以把眼睛想象成照相机"等。但运用这类比喻有一个前提，那就是必须知道对方知道什么、不知道什么。

即便传递的不是关于世界的信息，而是关于我们的思想，传递的基本过程也几乎相似。我们在说话时，会考虑对方知道什么、不知道什么，省略或缩减对方可能已经了解的信息，清楚准确地说明对方不了解的信息。尽管如此，对话中仍留有尚未说清楚的“空白”。这是因为我们不可能把一切都说得明明白白。然而，对话内容是关于心灵还是世界知识，填补“空白”的方法会有所差异。这就好像“马路对面开了一家超市”这一信息，不管是从超市的老板、朋友、路过的行人那里听到的，还是在广告上看到的，我们对这一信息的理解完全一致。换言之，就是不会对“马路对面的超市”产生误解。即便说话者和倾听者之间的对话存在某些未说清楚的内容，也可以通过浏览互联网、阅读图书或询问他人，轻松地填补上。但是，与心灵相关的信息只能从其“主人”那里获取。通过他人传递的心灵的信息有可能会缺少某些重要的信息或者被歪曲。**参与的人越多，留给人想象的“空白”就会越多。如果我们想要了解一个人的内心，就应该跟心灵的“主人”进行对话。**

如果我们的愿望、意图和信念通过他人传递，则有可能传递出的不是“事实”，而是“绯闻”。当然，他人也并非出于恶意而有意歪曲事实。好比当看到一个不完整的图形时，我们会倾向于填补“空白”部分以使其成为一个完整的图形。因此，尽管存在视觉盲点，但我们仍能看到一个完整的世界，因为大脑填补了那些“空白”。其实，与他人的心灵相关的信息，往往是不充分的，而且存在许多稀稀疏疏的“漏洞”。“我很伤心，做了一些傻事”这句话并未提到到底出了什么事，失去了什么。但听到这句话的人会利用自己所知道的与讲话者相关的信息去填补其中的“空白”。假如这样还不够，就再用想象去填补，让其变得完整，并将其传递给他人。通过这种方式传递出来的内心世界的信息，完全成了另一个样子。这种意义的曲解或变形，不仅仅是在让他人做“传声筒”时才会发生，因为即便我们自己站出来讲，也不能保证对方能完全理解。

对话是一种“合作”。说话者要像告诉陌生人信息那样，尽量亲切而明确地表达；倾听者要像学习新知识那样全身心地投入，不懂时别犹豫，立即问。双方合力才能准确填补对话中的“空白”。

孩子像一株枯萎的小草，无精打采。父母慢慢靠近孩子，并开始对话。

“看起来心情不怎么好啊。有心事吗？”

“我不是故意的。”

“每个人都会犯错，错了就道歉。”

“他气得连话都不跟我说。”

“他为什么会生气？”

“我踩到了他的新鞋。”

“你俩都吓了一跳吧。事情是怎么发生的？”

孩子传达的信息是零散、不完整的，父母需要动用自己所掌握的与孩子相关的信息将对话的“空白”进行填补，同时也要想办法让孩子配合对话——营造轻松的气氛、秉承“不催促、不追问”的原则、不要先入为主地判断或提建议，以使孩子可以传达出更准确的信息，进而才能有亲子间良好的对话氛围。对孩子来说，“踩到别人的鞋”似乎是个小错，但是父母对这件事情的理解，会随着“因”与“果”而发生改变。

我们向孩子坦诚地表露真心了吗

我们往往会高估自己的沟通能力。“我很会说话，话说得清楚明白。我一说，别人就能懂。”这其实是我们下意识的一种错觉。有这种错觉并非坏事。因为如果没有这种“我很棒”的错觉，即过高评价自己的沟通能力，就难以与他人交谈。不得不在人类群体中生存下去的我们，免不了不由自主地对他人的评价敏感。“如果对我有负面评价该怎么办”的焦虑导致一些人远离群体，但大多数人相处得还算比较融洽。也许正是由于这种对社会的适应方式，让我们产生了过高评价自己的倾向。

为了社交需求，我们经常把话说得模棱两可，或者绕着弯儿说。当问别人“你知道我在说什么吧”时，对方通常会回答“当然了”。打高尔夫球的人还设了个“OK 球”，即将球推到（或打到）距离旗洞 1 米左右的区域，就可视为球已进洞了。对话中也有默认的“OK 球”，就是双方都认为话说到这个程度就可以了，也就是到了“大概听懂了”的程度。其实，令人满意的关系往往源于这种不完美的理解。将自己的心意一一尽述，或者将对方的心意了解得一清二楚，也有令人感到不便的时候。有时候，我们还希望对方最好睁一只眼闭一只眼。什么叫“好伙伴”？就是“忘记”深究、主动放手的人。相比于说一些对方不愿意听的安慰话，不妨说：“好羡慕啊！总有一天，我也要变成那样！”

正如前面所提到过的那样，**对于跟我们关系亲近的人来说，我们存在的“不明确地表露心意”的倾向，显得我们像是说话态度不亲切的对话者。事实上，在面对跟自己关系亲近的人时，我们的这种方式倾向更为常见**。因此，彼此越亲近，误会往往越深。当我们与对方共享的信息越多，就越会说出“当时的那个”“之前见过的那个”这种模棱两可的话。更糟糕的是，说话者记得自己把话说得非常清楚了。此外，还有一个因素会令倾听者紧张：在对话的过程中，说话者会带着确认倾听者是否了解相关谈话内容的倾向。例如：“你知道我为什么生气吧？”“知道我在说什么吧？”“知道你做错了什么吧？”这样一来，倾听者必须去寻找答案，必须迅速地在记忆中搜索出相关信息。因为万一给出了错误的答案，就会有被指责或动摇关系的危险，可想而知，此时倾听者心中的不安与压力该有多大。这种对话方式令人疲惫不堪。如果想摆脱这种“考试式”的对话，进行轻松自如的对话，就必须把话说得清楚明白。

我们跟孩子对话时也是如此。在孩子眼中，你是不是一个亲切的对话者？是否坦诚地向孩子表露了自己的真心？是否像第一次教孩子写字时那样，耐心地等到完全了解孩子的心意为止？能否充满自信地说“我已将一颗真心表露无遗”？

有时候实话实说也会伤孩子的心

父母特别讨厌孩子撒谎，有时候会对孩子说：“别的都可以原谅，除了说谎！”我们很厌恶说谎，坚信诚实是第一位的。其实，善意的谎言还是必要的。

“那件衣服不太适合你穿，适合高个子。”“你这样的成绩不行，只能往门槛稍低的地方投简历。”每当听到这样的对话，很多人会认为这对朋友关系真好啊！感叹他们真是好朋友！朋友之间坦率的评价或规劝，可以避免我们丢面子或犯错。从理性的角度来看，这是值得感谢的事情。甚至我们还会鼓励对方实话实说——“我没有往心里去！”

然而，朋友的指责与批评有时（实际上是经常）让人很受伤。当笑着接受来自朋友的尖锐指责时，我们看似泰然自若，可连自己都没发现，其实自己很在意！事实上，我们想说：“你既然成了我的朋友，就只会说这些话吗？我现在需要的不是指责而是鼓励。”但大家都是朋友，所以我们最终还是选择了忍耐。显而易见，即便双方关系很亲近，善意的谎言也很有必要。有时候，我们想听到的是诸如“你穿上之后有一种新的感觉”“好吧，试一试也不错。但为了以防万一，也考虑一下其他地方吧”之类的话。虽然朋友之间坦率地表达个人情感或想法能增进彼此之间的友谊，增强彼此之间的纽带感，但要注意区分时间和场合，懂得适度。

对于孩子来说，你是多坦诚的父母？是不是那种坦诚到令孩子伤心的“正直的父母”？在孩子小时候，“正直的父母”会毫不吝啬地称赞孩子，说孩子很特别（真的是这么认为的）；可等到孩子一上小学，就立即变身为严格的批评家，开始批评孩子的行为和态度。当然，这些父母这么做是因为希望孩子能适应新环境，能与新同学和谐相处。

> “你的话太多了。”
> “如果到处这么转悠，朋友们会讨厌你。”
> “必须把话说得清楚明白。”
> “你个子矮，要多吃点儿。”
> “胖孩子不受欢迎，得多运动。”

上面这些话也许是父母的真心话，可并不意味着孩子应该从父母那里听到如此坦诚的话。请试着换位思考：如果有人对你这样说，你的心情会怎样？

别做“答案已定，你回答即可”式父母

坦诚的标准有时比较模糊。“答案已定，你回答即可”意味着在进行对话之前已经定好了答案，而且这个答案符合说话者的预期。“答案已定，你回答即可”的危险在于：如果答案不符合预期，就会被视为错误，说话者会一直追问。

“说实话！你嫉妒吧？”
“没有，我是真的很高兴。”
“啊，不可能！任何人都会有点儿嫉妒。”
“对，嫉妒死了。”
“看吧！实话实说多好。”

这果真是坦诚之言吗？上述对话本质上跟诱导式审问毫无差别。说话者给出“心中的答案”的提示，并向倾听者施压，直至听到满意的答案后才心满意足。这种倾向类似于心理学中的“自证预言”（Self-Fulfilling Prophecy）现象。**通过诱导，使对方按照自己的期望行事，并认为自己的预言是正确的。**例如，那些给他人留下的第一印象不好的人，会被评价为“不亲切、倔强”，以至于后来再次遇到那个人时，我们做任何事都会表现得极不自然——带着警惕的表情打招呼，尽量保持距离，并且后退到自认为安全的区域。这些行为会让对方感到很不舒服，眉头紧锁。于是，我们就会以“看看，我的判断没错

吧”来确信自己的判断，主观信念越来越强。像这样事先定好答案的对话，能够坦诚地进行下去的概率接近于零。

父母有时口口声声地说“我想坦诚地跟孩子沟通”，却又提前定好了答案，然后问孩子：“这个不错吧？实话实说。”父母会一直要求孩子“实话实说”，直到孩子说“好”为止。于是，父母记住的就是“孩子喜欢这个”。这些父母倾听到的心声，究竟是孩子的还是家长自己的？答案我们早已一清二楚。

跟孩子沟通前必须明白的定律

如果我说“讨厌”，你能听得懂“我讨厌”。

如果我说“讨厌”，你能听得懂“我喜欢”。

学会做能够维持均衡的倾听者

对话不是两个人静静地坐着交谈的简单活动，而是一个非常复杂、动态的过程。为了使对话顺利进行，我们必须成为对话的积极参与者，两个人反复转换角色，以适应对方的言行。沟通就像一把三脚椅。“三脚”分别是说话者、倾听者和信息。为了不让椅子倒下去，必须把每只脚放在正确的位置上，脚的长度也要一致。

我们先来看看“三脚”中倾听者为了维持“均衡”是如何“忙碌”的。

倾听者似乎什么都没做，实际上却做了很多。倾听者在不断地对脑海中的对话内容进行解释的同时，偶尔还必须点头或添加其他元素，如“嗯”“所以呢”“真的吗”或“也就是说”。另外，倾听者通过身体前倾或后仰来发出信号，暗示对话内容有趣或无聊。根据信号的提示，说话者可以选择继续延长或深化话题，或者转向其他话题。说话者和倾听者均以对方所传递的信号来调节彼此的言行，以维持均衡。

说话者扮演的角色

通常由开启对话的人选择聊天的话题（愿望、信念、意图、想象、情绪等），说话者一般会选择从最先想到的开始聊。在对话的过程中，他还需要从自己的记忆里搜索相关信息，以提供继续聊下去的内容。在这个过程中，一般还会有一些无关的记忆也浮现于脑海中，与对话所需要的相关信息相互混杂。因此，说话者在说话的时候，必须边说边区分出脑海中与话题无关的信息，同时要决定哪些信息先“出场”。有时候，我们也会评价有的说话者“说话时‘跟着感觉走’”，其实这是在委婉地批评他们总在说些跟主题无关的话。例如，“我想跟你说昨天发生的事情。我以为你把事情都做完了，才决定拜托你。”说完之后，这个人并没有继续说这件事的后续到底怎样，而是开始聊一件突然想起来的已经过去的事情，“啊，以前也发生过类似的事情。是在去年夏天吧？当时挺热的。”忍着没说话的倾听者终于忍不住说：“你在说什么呢？”（有时候也可尝试用“跟着感觉走”来交谈，这也是一种了解他人心理常用的方法）

我们在和孩子对话的时候，通常会感觉话的内容像橄榄球一样蹦来蹦去。这种令人混乱的对话，使得父母最后不得不问：“你想说什么？慢慢说，一句一句说清楚。”孩子虽然又试着说了一次，但仍说得大同小异。这是因为孩子同时处理多条信息的认知能力尚未得到充分发展。因此，我们在跟孩子对话的过程中，最好不时地加入一些适当的问题来引导他们，以免他们偏离话题。

倾听者扮演的角色

倾听者不仅要忽略周围的声音而专注于对方的讲话，还要忽略脑海中浮现的其他想法。此外，倾听者还必须快速解读出对方想表达的真实意图。例如，当听到“昨天累惨了吧”时，倾听者不仅要回想“昨天已经发生的和对方有交集的是什么事”，还要推测对方对这件事的想法和感受——“既然都说了不行，那该怎么办？是因为被拒绝所以生气？还是因为感到抱歉？”根据对方的行为模式、个性和人际关系来解读对方的话，最后从“事情都已经解决好了吗”“由于我的拒绝，所以觉得有点受伤吗”“昨天忙得不可开交吧”“哦，是吗”中选择一个，做出适当的回应。

无论是说话者还是倾听者，由于都处在所有事都可能瞬间发生的情况下，所以双方也不知道自己到底消耗了多少能量。所以我们选择在餐厅或咖啡馆见面是一个非常明智的选择。研究表明，咖啡因和甜食可以提高注意力，温暖的食物比凉性的食物更能让沟通顺畅。

我们在和孩子对话的时候也是一样，当孩子说“昨天商场二层的那个糖果好甜”时，我们先要回想昨天商场二层的糖果是什么糖果，然后还要判断出孩子想表达的仅仅是感叹这个糖果甜，还是隐含了让我们买糖果的意思。

信息扮演的角色

我们要跟他人聊些什么？一切发生在我们身上的事情都可以成为聊天的话题。当被问及人类为什么要开口说话时，一位语言学家指出：“开口说话是为了将有用的信息告知自己所属部落的成员。”

草原的另一边有绿洲，森林的入口处的大树下有覆盆子，溪水边有长着犄角的庞然大物……这些信息确实有助于人类生存。即便是现在，当知道一些新信息时，我们也想让别人知道。此外，我们在想要什么时会说话，想试图改变他人的态度或行为时也会说话。最重要的是，我们渴望谈论自己。

“TMI”这一新造词就表明了我们是多么希望谈论自己，连他人不想知道的事情也说。在对话中，有些时候我们会提供给对方一些对方并不想知道的多余信息。反过来也是一样。我们提出问题时，想要对方给予一定的回应，可当对方的回应超出我们的预期时，我们又会感到既尴尬又别扭。比如，当路上遇到好久没见的朋友时，我们会用“你住在哪里”来打招呼，朋友却把详细的家庭住址都说了出来，甚至还说出了坐几路公共汽车、在哪里下车，搞得我们莫名其妙。

与此相反，也有信息提供得太少的情况。例如，第一次看到新型洗衣机的人向他人询问怎么启动，熟悉该洗衣机功能的人会告诉他——按下“电源”按钮，选择“开始”即可。对于那些知道洗衣机电源按钮在哪里、该怎么按、从哪一步开始及如何选择按键的人来说，这是一个不错的答案。但是，我最开始用电脑的时候，听到售后服务中心的工作人员说“请先开机”，我的反应却是不知该如何是好。同理，人与人之间进行“心灵的对话”时也一样。

如果有人问我们感觉如何，我们通常会回答“还好”“有点儿累”“就那样”“没关系”，一般不会说出感觉好或不好的理由。可能我们不想告诉对方，抑或觉得对方可能并不想知道，或者有自己都不清楚的理由。如果我们反问对方“你想知道什么”，或者说明得过于详细，也许还会弄得对方十分尴尬。因此，我们应该视情况来调整要输出的信息。可实际情况却是有时信息提供得太多，有时又提供得太少。为什么会这样？

我曾参加过在泰国举办的一次研讨会。休息时间大家坐在一起，聊着各自的工作。一位来自中国台湾的参会者问我：“您是在哪里讲课？”那一刻，我脑海中的想法是“我说了，对方就能知道是哪里吗”，以及“怎么解释仁川在哪里，我工作的学校是怎样的大学”。结果我反而被自己的这些想法弄得不知所措，也吓了一跳。直到后来回到房间，我才意识到说“仁川”就足够了。信息提供得太多或太少的原因之一就是：我们只是想着说出自己的想法，从未考虑过他人的感受。也就是说，我们提供的是我们自认为充分的信息。

创建能够梳理孩子心理的对话

有部分学者认为，话语（语言）相当于毛发。就像黑猩猩聚在一起互相梳理毛一样，我们也用语言来梳理彼此的心理。我们谈论关于这个世界的所见所闻及自己的信念、思想和情感；聆听他人的话语，并从彼此的话语中发现价值与意义，剔除和纠正错误，从而理解彼此的内心、彼此安慰、彼此鼓励。

我们在有话想说的时候，语言表达能力更强。孩子随着年龄的增长，表达能力明显比以前提高了很多，但话却越来越少，甚至不知从什么时候起几乎不说话了。这是为什么？

孩子们说“跟父母无话可说”。小时候，孩子觉得一切所见所闻都值得一提，这些都是新鲜、重要的事物，所以要跟父母说很多。然而，到了青少年时期，孩子每天两点一线往返于学校和家之间，这已成为孩子每天反复要做的事，毫无新鲜感可言。这些都是不值得谈论的琐碎无聊的事情。如今，孩子们注重的是个人想法或情绪。这些东西是无形的，有时连我们自己都说不清道不明，更别说用语言表达出来了。尤其是父母要求孩子说得“准确明白些”时，孩子表达出来就更难了。

对话的目的不是传达精确的信息，而是创建信息。事实上，在说话的同时，我们可以对看似错综复杂的心理进行明确的梳理。我们常问：“有什么要说的吗？”这是针对他人的意图而进行的提问。如果孩子回答“没什么”，千万别就此打住，而是把这一回答视为进行“心灵对话”的机会——“好吧，那你愿意跟我聊聊吗？”

全神贯注地倾听会让孩子自己找到对策

当有人全神贯注地倾听我们说话时，我们就会整理好自己的思绪并找出解决对策。即便对方仅仅说着“嗯”“好的”“是啊”之类的话，或者偶尔点点头。以下这段父与子的对话就充分展示了“倾听的力量”。

爸爸在电脑上看高尔夫球赛事直播

孩子（看着爸爸）：“民秀打了我，所以……爸爸你在听我说话吗？”

爸爸（一直看着电脑）：“嗯，我在听，继续说。”

孩子（一直看着爸爸）：“所以我也打了他。但是民秀又打了我……你在听吗？”

爸爸（仍然看着电脑）：“嗯，我在听。”

孩子（一直看着爸爸）：“你都没听啊。”

爸爸（眼睛盯着电脑）：“爸爸看着比赛也能听清楚。继续说。”

孩子（转身）：“算了！”

相同的情境

孩子（看着爸爸）：“民秀打了我，所以……爸爸你在听我说话吗？”

爸爸关掉电脑，跟孩子面对面。

孩子（看着爸爸）：“所以我也打了他，但民秀出手更重，太坏了。”

爸爸注视着孩子却一言不发。

孩子（看着爸爸）：“我知道了。我从现在起跟英浩玩儿，英浩不打朋友。”

情境二中这位父亲所做的，仅仅是面对面看着孩子认真地倾听。爸爸对孩子有了同理心，保持着沉默。孩子也在爸爸的倾听中，自己找到了解决对策。有时候，我们需要做的，仅仅是全神贯注地倾听，孩子会自己找答案。

用心倾听的前提是进入孩子的话语中

“肯定是说话者累啊！倾听者有什么累的，只要安静地听着就行了。”

我们都认为“说”更难。但是，静静地保持沉默对孩子来说也不是件容易的事情。首先，孩子需要很长一段时间才能具备保持安静的能力。其次，保持安静不代表全部能听懂。倾听，意为“理解或接受他人的话语”。倾听者需要利用自己的智商去解释话语的含义。

最重要的是，倾听者必须揣摩隐藏在话语中的真意。当听到“我很不擅长”这句话时，倾听者想到的是“我”“很”“不擅长”这三个词语的意思。这句话的意思就是：说话者（我）老练娴熟地（很）完成某件事情的能力尚未拥有（不擅长）。到这里还没有结束，倾听者还需要思考三个词语中哪一个才是关键词。首先，可以把“我”解释为“在把自己与他人进行比较时，过低地评价自己，展现出的是一种放低自尊的心理状态”；其次，“很”表达的是“有着极高的期待和对完美的渴望，抑或是想通过降低对方的期望值来避免负面评价”；最后，“不擅长”可视为对“自己实际上无法做到”的一种表达。

理解只有三个词语组成的句子，还要做出回应，绝对不是件容易的事。说得言简意赅，容易被置之不理；仅从字面意思上去进行解释，又洞察不到话语背后隐藏的真意。又如“真是好朋友啊”这句话，根据是谁说的、在何种情况下说的，我们理解的意思可以完全不同。我们要理解隐藏于这句话中的玩笑、虚伪、讥讽、指责等。

其实，这种对内心的理解水平，孩子是可以达到的。但是，能做并不意味着能做好。因此，请父母们谨记：用心倾听的首要前提是进入孩子的话语中，只有这样才能“准确地洞察孩子的内心”。

专注于孩子在说什么才算是积极倾听

倾听分为两种，积极倾听和消极倾听。积极倾听者会努力理解对方的话语，有时还会加入自己的感受和情感；消极倾听者则根本不会参与到对方的话语中，说话者问“在听吗”，倾听者也仅仅回应“嗯，听着呢”。

例如，当一个孩子说“我买了彩色铅笔”时，积极倾听的父母会配合地问：“这是给谁的礼物呀？”或者说：“对啊。我以前也喜欢画画，画画是个不错的兴趣爱好。”父母的这种回应让孩子有机会解释为什么买彩色铅笔，从而引导孩子说更多的话。相反，消极倾听的父母会以“哦，彩色铅笔啊”来回应。这种回应不但让孩子感到沮丧，而且让他感到苦恼：“我是该多说些跟彩色铅笔有关的话，还是该就此打住呢？”

在对话的过程中，表面上看似乎说话者在起主导作用，实际上倾听者决定的东西更多。根据交谈对象的差别，我们时而健谈，时而沉默。显然，我们跟积极倾听者在一起时更开心。如果我们是积极倾听者，即便不是跟关系好的朋友在一起，而是跟旅行中偶遇的陌生人聊天，很多时候也能畅所欲言。又例如，在课堂上，如果有些学员不但认真听讲，还点头、举手回答问题，我讲课会更有热情，更爱笑，举出更多的例子，心态也更加开放。

积极倾听意味着专注于孩子在说什么，并通过记忆回想并解释话语的意思。可以说，这是相当高水平的倾听。倾听水平取决于我们尝试努力解释意义的程度。低级水平的倾听者只是一字不差地重复对方的话。中级水平的倾听者会使用相似的词句来重复，高级水平的倾听者则会换成自己的话语来诉说。例如，如果孩子说“我感觉不好”，父母的回应可分为“原来心情不好”（低级水平）、“原来有让你生气的事”（中级水平）、“有些事情不太顺利，会让你心里不舒服”（高级水平）。假如想达到高级水平倾听的程度，就需要有对孩子的同理心。这是只有站在孩子的立场上，感受到相同的情绪，才能产生的自然反应。

父母同理心的强弱决定了与孩子对话的方式

我们都具备同理心，但同理心的强弱因人而异。有些人同理心强，有些人同理心弱。父母同理心的强弱不同，与孩子对话的方式也不同。如果你的同理心较弱，那就先试着模仿孩子说话。

咨询师为了表现出对对方心意的认同，通常以对方的话作为回应。如果听到孩子说“心情坏透了”，同理心弱的父母不妨模仿着说“原来心情坏透了啊”。事实上，我们会对跟自己有相同行为的人产生好感，这种“屏幕共享式”行为，会让对方产生一种自己有同盟的感觉。但有一点必须明确：回应看似简单，却只有在用心倾听对方话语时才会成为可能。不过，这也仅仅是迈出了第一步，要想拥有更高水平的积极倾听和同理心，练习和训练必不可少。

如果你决定采取“模仿战略”，有些地方就应该注意一下。如果模仿行为在说话者看来是有意的，对方就会觉得自己被取笑了，或者认为说话者是在试图利用心理学知识达到某种目的。就连孩子也会问：“妈妈，你为什么学我说话？”如果不是真正对孩子有同理心，还不如直接问：“原来是心情不好啊。出了什么事？”

父母的误解——孩子无视我说的话

我们说话时会边说边确认对方有没有在听。记住对方所说的话，跟阅读图书后记住其内容不同。二者虽然都是对语言的记忆，但信息输入速度不一样。阅读可以让读者控制自己的节奏，而倾听不能。图书的内容简洁完整，按照页码顺序自成序列。相比之下，对话是丰富多彩、不完整、跳跃式的。阅读图书时能集中精力，对话时则不能，这不仅仅是因为注意力不够集中。

我们在交谈时，话题会发生变化，语速会发生变化，情绪也会发生变化。在这一“旋涡”中，我们在记住对方话语的同时，连带出以往的相关记忆。过去，记忆只分为短期记忆（short-term memory）和长期记忆（long-term memory）。然而，现在的记忆研究主要集中于工作记忆（working memory）。每个人的记忆力都不一样，在解释记忆力随年龄变化的原因时，最常提到的是工作记忆。工作记忆是存贮和加工信息的记忆，它的容量是有限的。在这种情况下，工作记忆又被划分为存贮和加工两大板块。记忆的个体差异源于分配信息容量和使用它的方式。例如，当有 100 的记忆容量时，一个人将 30 用于存贮，70 用于加工；另一个人则是将 70 用于存贮，30 用于加工。加工信息的速度越快，可存贮的信息就越多。对所听内容的记忆程度，取决于我们加工它的速度，而加工信息的关键就是“注意力”。由于记忆的容量有限，我们无法处理所有信息，因此只能选择相关且有意义的信息。对话过程也是如此。当无数感觉和想法浮现于脑海中时，要想有效倾听，必须有选择地去关注。

创造意义是工作记忆所做的另一件重要事情。工作记忆能力强大的人，更擅长理解复杂的故事，并通过区分故事中各个要素的关联性来更好地追踪情节（事件、心理因素）；当时间和脉络分离时，也能巧妙地将其衔接起来；即使对话在现在与过去之间来回切换，即使各色人物不断“登场”，也能准确地理解故事的主题是“蒙受了不白之冤”。工作记忆就是这样煞费苦心地来建构意义的。新创建的信息更容易被记住。工作记忆能力的差异，可以解释为什么父母和孩子的记忆会有偏差。是否记得，取决于我们所创造的“记忆”。这对于那些没有幽默风趣的表达能力的人来说，确实是个好消息。如前所述，我们连毫无趣味的话都能记住。只要讲的事情很重要，不必纠结于话说得是否风趣流畅。

我们必须知道的事实是，孩子记不住父母的话，不是因为他故意无视，也不是因为他装作没听见。这很可能是因为孩子与工作记忆相关的大脑区域尚未得到充分发展。

如何有效地倾听孩子说话

由于种种原因，我们无法全身心地倾听。“倾听”不是单纯地听声音，而是要理解对方说的话。从这一点上来看，妨碍我们全身心地倾听的绊脚石，既有生理上的，也有心理上的。

注意力不集中

一般来说，让我们难以集中注意力的情况如下：面前有影响自己视觉或听觉的障碍，如电视机开着、有人在我们面前走来走去等；坐在令自己感觉不舒服的椅子上、自己身体状况不太好；周围的人说话声音过小或过大。另外，不仅是生理因素，心理因素也会干扰我们的注意力。例如，正在因为一件事而承受着压力时，我们就无法集中注意力。如果把这些妨碍因素都消除，我们就可以专注于对话。尤其是在与孩子对话的时候，父母最好关掉干扰注意力的电视或音乐，用适中的语调去对话。

倾听后理解对方话语所需的时间差异

我们并非一听到别人说什么，就能立即明白他的意思，而是需要一定的时间来理解。在理解的过程中，即便出现了误差，也不过几秒钟时间。但是，随着说的内容变长或语速加快，误差会越来越大。如果一直以较快的语速说话，误差也会呈急速扩大之势，以致我们听不懂或停止倾听。

即便是那些平时说话语速不快的人，在生气、激动或时间紧迫的时候，也会加快说话的语速。因此，妈妈在发火时说的那些话，孩子可能会自动忽略掉。因为妈妈的话在孩子那里没有停下来，一下子就跳过去了。换言之，语速越快，传达给孩子的内容就越少。用适中的语速和简单的词汇来表达，适用于使用语言的每个地方。这就是在学校、医院、法院等场所工作的人，把时间花在用最简练的语言去进行解释的原因所在。

同样，在忙碌地工作的人、有很多话要说的父母，也习惯于把所有话一股脑儿地都说出来，而且越说越快。父母可能会庆幸自己把想说的都跟孩子说了出来，可孩子为了获得内心的平静，却选择不听那些势如瀑布一泻而出的话。由此便知，不是孩子不愿意听，而是父母让孩子没办法听。

夸张的表达

过于生动和夸张的说话方式会干扰记忆和理解。在一节文学课上，当教授用夸张的动作和语气朗读莎士比亚的作品时，学生不仅没有认真学习书上的内容，还质疑教授的能力。在日常生活中，尽管那些用模仿戏剧的声音和肢体语言说话的人能暂时引起他人的兴趣，可他们的真正能力却会被质疑。此外，如果说话的过程中加入个人情感，描绘得过于生动，还会引起倾听者与话题无关的情绪反应。

“突然间，它闻起来像是已经腐烂的肉，那种气味令我几乎无法呼吸。可是吃起来确实美味。”

刺激感官的表达有时候会引出与之相关的个人经历或情绪。根据上面这段话，我们在没听完后面的内容之前，脑海中就已经浮现出了动物尸体的样子，整个情绪被厌恶所笼罩，因此，根本不会去注意说话者竭力想要传递的信息（味美）。这就造成了主客颠倒。有研究表明，在教孩子说话时，如果使用过于华而不实的教科书，会降低孩子的学习效果。这是因为孩子会被不重要的教材颜色或形状分散注意力。为了使孩子把注意力集中在父母说的话上，父母夸大其词或使用技巧，反而会产生反效果。越重要的话，就越应该表达得言简意赅。

确认偏误

倾听者的确认偏误（confirmation bias）会干扰倾听。我们通常喜欢与自己的信念和价值观一致的言行。“我认识的每个人都是这么认为的”和“我应该问朋友吗”的意思是：只问赞成或支持我们的那些人，**跟我们唱反调的人就没必要问了。这种确认偏误在大部分人身上都会发生，是普遍现象**。也就是说，说话者和倾听者都存在确认偏误。

假如相信“爱打游戏的孩子成绩不好”（这只是假设），当孩子说出“我有个朋友，很会打游戏”的那一刻，父母想到的很可能是：“原来成绩不好啊，跟这样的孩子关系好对你没什么好处。”孩子又说：“他学习成绩一般，但运动细胞发达，性格也好。”即便这样，父母也难以关注自己想法之外的东西。而孩子听到父母给予自己朋友的负面评价——“只知道打游戏的孩子不是好孩子”的时候，会变得不知所措。孩子本想夸夸在各个方面都很优秀的朋友，结果好像变成了在父母和朋友之间挑拨离间，最终也不知道该怎么办才好。

因此，确认偏误会让我们在听到信息之前插话，并迅速得出结论。确认偏误阻碍了我们正确、批判性地评价事物能力的发挥。

进一步强化确认偏误的是“非注意盲视”（Inattentional Blindness）现象。丹尼尔·西蒙斯（Daniel Simons）和克里斯托弗·查布里斯（Christopher Chabris）通过在玩球的人群中出现黑猩猩的实验，有趣地证明了“非注意盲视”现象。在这个实验中，被试者需要观看一段视频。视频中，身穿黑白衬衫的两队人在传球，在视频播放到中途时，突然出现了一个打扮成黑猩猩的人出现在球场，并且拍打自己的胸脯。实验要求被试者统计身穿黑衬衫的队员中年轻人的传球次数。令人惊讶的是，大部分被试者都表示自己并没有看到黑猩猩。这个实验告诉我们，即便对象再明确、情境再分明，如果它没有进入我们的意识，就会出现“视而不见”的“非注意盲视”现象。

还有一种态度是试图从头到尾全部听完或过早下结论。全程一字不漏地听完几乎不可能，急于下结论又会导致无法正确理解话语的内容。如果我们从孩子跟他的朋友打架的故事中得出“所以，最后你还是输了”这个结论，对话也就到此结束了。

通过孩子的自言自语洞察其内心世界

对话就像是跳双人舞，需要两个人共同努力创造出成果。如果对方后退时我们也后退，双方就会形成一个相互吸引的半蹲姿势；相反，如果对方不动，而我们向前进，可能会踩到对方的脚。我们要根据对方的移动路线而移动。交谈时，我们也要理解对方传递出的信号，随时确认我们所提供的信息是否让对方感到无聊，会不会因为信息量太少而让对方无法理解。

孩子小时候即使跟其他孩子在一起，也会以自我为中心自言自语。远远看去，两个孩子好像是在相互沟通，因为他们是在轮流说话。实际上，他们是在各说各的，说话的内容也毫无关系，只是按顺序在轮流说罢了。

"这是蓝色的。"

"嗯，它跑得很快。"

"我有一个蓝色的包。"

"吓了我一跳。"

两个孩子的对话就这样延续下去。随着年龄的增长，这些以自我为中心的对话，会发展为合作式社交对话。游戏中也能发现同样的发展趋势。刚开始的时候，孩子们虽然坐在一起，但各玩各的，后来慢慢"合作"着玩儿。随着他们的对话技巧和社交能力的提高，孩子们就能明白自己需要回应对方的信息。

从那时起，孩子们的对话就开始以相互关联的方式延续了。

“这是蓝色的。”
“呃，是有点儿带绿色的蓝色啊。”
“呃，这很奇怪，我也有一个蓝色的包。”
“你喜欢蓝色吗？”
“嗯，我喜欢蓝色。你呢？”
“我喜欢红色。”

我们所有的交谈，并非都是以对话这种方式进行的。当我们对自己的话没有自信，或者觉得自己的话有些含混不清时，我们会一边自言自语，一边整理思绪；甚至有时候，不管面前的人有何反应，我们会一直自说自话。这并不是为了让对方听懂，而是为了让自己完全理解。此时的自言自语可被视为一种整理思绪的手段。当孩子自言自语时，有些父母会担心地问：“为什么我的孩子一个人在喃喃自语？他怎么了？”

孩子自言自语，可能是因为其社交能力尚待发展；可能是因为他正在解决问题；也可能是因为他在整理自己的思绪；还可能是因为他没有交谈的对象。自言自语的功能很多，其中大部分都会随着时间或环境的变化而消失。如果父母仍旧担心，那么观察一下孩子什么时候会自言自语、说些什么、是不是有隐形的交谈对象。这些都将成为洞察孩子内心世界的机会。

尽管我们喜欢跟他人共舞，但有时候也想独自起舞。

如何跟孩子对话，双方才能更亲近

感觉不被尊重而摆出“甲方姿态”的父母

“年纪轻轻的居然敢……”

也许有人会怀疑，已经是21世纪了，是否真的还有人说这种话。然而，在韩国，不论年龄与性别，我们几乎都会习惯性地问对方的年龄，因为年龄是定义关系的重要标准。听一位幼儿园老师说，一个五岁的孩子问新来的孩子：“你多大了？”听到回答后又满意地说：“嗯，那我是哥哥。”韩国人习惯称呼对方为“哥哥”“弟弟”“姐姐”或“妹妹”，而不是直呼其名。最近，为了营造出平等的文化氛围，一些社会群体发起了一个名为“请改用××老师来称呼”的倡议活动。尽管如此，我们还是会询问朋友或陌生人年龄，吵架时说的最后一句话依然是“你多大了”。即便嘴上不说，脑子里也很可能闪现过这句话。

那么，我们在什么情况下会说出“年纪轻轻的居然敢……”

这句话呢？首先就是我们猜到对方比自己年纪小的时候；其次是我们觉得自己的地位比对方更高的时候。“确认自己在群体中的社会地位，扮演好自己的既定角色”的文化本身并没有什么问题，问题在于不能把这种文化当作一种权力来使用。

最近，“甲方姿态”一词常伴随着引起我们公愤的事件一起出现。摆出“甲方姿态”的人，认为自己比对方更有钱、有权、有势，并借助这些优势让对方服从自己。一项有趣的研究对这类人的行为进行了阐释。从研究结果来看，这类人认为自己本该受到尊敬，可在他们眼里，对方并不尊敬自己。这使得他们的待人态度变得具有攻击性，甚至出现报复行为。实验中，被试者把自己获得的一部分奖励分给了另一个人，当他听说那个人并不把自己的东西当回事以后，只要有可以报复的机会（例如需要在辣椒酱和红灯笼椒中选择一个给对方时），就会做出让对方痛苦的选择。因为被试者认为自己没有得到对方真心的尊敬，所以试图通过暴力来炫耀自己的力量。

摆出“甲方姿态”的人知道自己并不是那种值得被尊敬的人，所以会强制他人尊敬自己，并用暴力强迫他人服从；同时觉得自己年纪大而理应受到尊敬，如果他人不这么做，就会变得咄咄逼人。

在孩子与父母之间的关系中，父母比孩子更强势，经济上更自由，地位更高，年纪当然也大得多。也就是说，父母摆出“甲方姿态”的可能性相当高。特别是那些觉得自己不被孩子尊敬的父母，会炫耀自己的力量，要求孩子服从自己。

父母要走下楼梯与孩子平等对话

定义人际关系的两个决定性要素是“实力”和“感情”。即处于人际关系网中的双方，实力上，通常是一强一弱；感情上，要么喜爱对方，要么讨厌对方。这里所指的“实力”，包括身体力量、经济实力、社会地位、个人能力等。即使职场上地位相同的同事，经济实力、个人能力也有很大的差别。一个人不管实力是强还是弱，都有人喜欢或讨厌：有值得被人尊敬的领导，也有令人嗤之以鼻的领导；有讨人喜欢的后辈，也有令人讨厌的后辈；有惹人喜爱的孩子，也有招人厌烦的孩子；我们会喜欢这个人，而讨厌那个人。如果我们既不喜欢也不讨厌某个人，那这个人很可能对我们来说不是重要的人。我们用实力和感情横、纵轴的四个象限来定义父母与孩子之间的关系。

实力强、受孩子喜欢的	**实力强、令孩子讨厌的**
实力弱、受孩子喜欢的	**实力弱、令孩子讨厌的**

那么，父母与孩子是一种什么关系呢？总体来说，实力这个要素通常会“一边倒”。父母几乎在各个方面都强于孩子。但双方的感情可能相同，也可能不同。如果孩子不喜欢自己的父母，父母肯定得不到应有的爱和尊敬，会感到受伤，从而更

加强势行事。处于这种亲子关系中的父母，倾向于以强制和命令的方式说话，摆出“甲方姿态”的可能性很大。反之，如果孩子喜欢父母，就会承认父母的权威，尊敬父母。这是父母最希望看到的亲子关系。

认为自己处于“上级”位置的父母，会以教育或建议的方式与孩子对话。孩子也不会意识到听从自己喜欢的人的话就是“服从”。不过，没有恒久不变的关系。维持关系的实力和感情会随着时间的推移而改变。不变通，一切都会烟消云散。人际关系也是如此。一贯摆出管教姿态的父母和服从管教的孩子之间的关系，就像父母坐在楼梯上，而孩子坐在楼梯下，双方的关系变得非常不自然。父母必须具备变通的胸怀，走下楼梯与孩子平等对话。

孩子的世界与父母的大不相同

要明白孩子的世界和父母的世界是大不相同的。父母就好似“井外之蛙”，而孩子好似“井底之蛙”。“井底之蛙”和“井外之蛙”的世界自然大不相同。作为父母，有这样一个信念在发挥作用：比起“井底之蛙”，“井外之蛙”知道得更多、更准确；同样，“井外之蛙”对世界的认知也更胜一筹，“井底之蛙”的认知并不成熟。因此，父母们坚定地认为“井底之蛙”只有承认自己对世界的信念可能是错误的，自己的信念跟其他青蛙的信念不同，才能从井底跃向井外。

这种信念是否正确？父母认为孩子是“井底之蛙”的最大的“陷阱”就是坚信让孩子从井底跳出来是最佳办法。因此，他们不断地告诫孩子，得跳出井底。然而，井内和井外是两个完全不同的世界。如果父母和孩子想理解彼此的内心世界，就必须走出自己的内心世界，进入对方的内心世界。

虽然我们有时候也像“井底之蛙”那样不得不改变生活现状，但只要我们改变生活的态度，问题就能迎刃而解。日常生活中的“谜团”之一是一些东西总是自动消失。特别是电视遥控器，我们经常把它放在身边，却又总是在找它。明明刚才还在用的电视遥控器，突然怎么找都找不到了。然而，当我们从座位上站起来的那一刻，电视遥控器出现了。虽然它离我们坐的地方很近，可奇怪的是，为什么刚才怎么都找不到呢？我们躺着、坐着、走路或跑步时看到的世界是不同的，对物体的认知也会随着视角的变化而改变。同样，当我们对某人的看法发生变化时，对这个人的感情也会随之改变。

建筑家刘贤俊曾说，空间的高度是权力的象征，就像将宝座放在高处一样。父母处于高位，孩子处于低位，由于存在这种差异，**如果父母不说出自己的愿望和意图，孩子就会把父母的话理解为强制性的指示和命令。**此外，跟父母在时间上看得久、空间上看得广相反，孩子的视野有限，因此父母应该告诉孩子，当时间延长、空间扩大后，会发生什么，例如10年后会发生什么、上班时会发生什么，等等。然而，站在孩子的视角看，这些有可能是无法触及的话题。从时间视角进行的研究表明，父母更看重未来，而孩子更看重现在。父母的视角和孩子的视角，哪个更重要？众所周知，心灵就在我们“注视”的地方。所以，虽然问这个问题好像很傻，但还是需要我们去思考一下。是现在还是未来？

有个著名的心理实验，名为“棉花糖实验”（Stanford Marshmallow Experiment）。孩子们为了多得到一块棉花糖，会选择不吃眼前的棉花糖。看到孩子们在拼命忍耐，父母会觉得他们既可怜又可笑。最重要的是，父母希望孩子成功。当看到最终成功了的孩子脸上露出微笑时，父母终于舒了一口气，同时感到很自豪。这就是父母希望孩子应有的样子。然而，并非每个孩子都能成功。如果你的孩子忍不住吃了棉花糖，你是否会失望？或者跟孩子一同快乐，并问他“棉花糖有多好吃”？抑或为了让孩子再次成功，教孩子怎么忍住不吃棉花糖？如果你的孩子成功了，你又会怎么表扬他？大多数父母会说：“哇，做得好。因为安静地忍耐了，所以能得到两块糖。”这是对孩子成果的认可，不错。

现在来关注孩子们的内心世界，看看他们有多想吃糖，其间有哪些想要放弃的瞬间，在等待的过程中采取过哪些办法，问他们为什么要耐着性子等待。当父母在外面等着的时候，孩子可能会变得更能忍耐。孩子忍着不吃，是为了把糖分享给妈妈或弟弟。可也有等不及的孩子。孩子等不及的时候，是他们不相信父母说会给两块棉花糖的时候。当说好了给两块棉花糖的父母没有兑现承诺的时候，很多孩子会立刻吃掉眼前的棉花糖。孩子们选择了看得见的现在，而不是不确定的未来。成年人也会做出类似的选择。

由此可知，我们的行为中夹杂着过去、现在和未来。进行过时间观念测试的津巴多教授指出，最健康的时间观念应该是一种均衡型的整合式（过去、现在和未来）时间观。换言之，孩子的内心和父母的内心要维持均衡稳定的状态。为了维持均衡，我们能做的就是最大限度地创造跟孩子自由沟通的机会。这些机会，可以是真实的经历，也可以是虚构的故事。当有具体对象时，孩子更易理解。请开始让每分每秒都变得有价值的对话吧！

说话时应该换位思考

我们相信，同理心是连结人与人之间关系的黏合剂，是我们与他人相处时的必备能力。那么，什么是同理心？同理心指的是理解和感受他人思想和情绪的能力，可分为认知同理心（Cognitive Empathy）和情感同理心（Emotional Empathy）。

认知同理心是指感知和理解他人的情绪，更完整、更准确地了解他人的内心世界。“我理解你有多生气，但没产生跟你一样的情绪。”

情感同理心是指感受与他人相同的情绪，并通过感知他人的困境来感受其痛苦或者产生同情心。在这种情况下，不一定总是需要了解对方的想法。“我流泪了。不知道为什么，我经常会在别人哭的时候情不自禁地流泪。”脑科学家从镜像神经元（mirror neuron）中找到了产生情感同理心的原因。这就意味着我们生来就“配备”了产生情感同理心的“装备”，因此这种能力对我们的生存来说非常重要。

无论是认知同理心还是情感同理心，都可以帮助我们建立和维持与他人的关系。越容易产生同理心，就越会努力去减少他人的痛苦，安慰承受痛苦的人，不会做出任何伤害他人的事。然而，同理心并不是包治百病的灵丹妙药。有些人感受到了巨大的压力，因为他们认为他人的痛苦似乎就是自己的痛苦。这些人为了减轻自己的压力，会竭力避开那些正在承受痛苦的人。他们看似在回避他人的痛苦，但并不意味着无法产生同理心。对患者的痛苦没有同理心的医生也会为患者治疗，而过度感同身受的医生可能无法对患者进行治疗或者回避患者。对我们有帮助的是“适度”的同理心。

孩子的同理心又是怎样的呢？即便是年幼的孩子，也具有情感同理心，甚至连两岁左右的孩子也具有同理心。小宝宝会给正在哭泣的小伙伴或父母吃糖果，以此来安慰受伤的对方。与此相反，认知同理心需要一些时间才能形成，因为它基于思维能力。它还需要懂得换位思考的“观点采择能力”（perspective taking）。当父母问“你被打了会感觉很疼，那么你觉得你的朋友会疼吗”的时候，有助于培养孩子的认知同理心。现在我们来问问自己："如果我站在孩子的角度，会怎么办？"这就是同理心的另一个认知层面：从他人的角度来看待和解释世界。

这就好似一个魔法咒语。有时候，我们可以通过问这个问题来亲近孩子。

第 6 章
培养孩子的心智能力

> 我试着问自己："想拥有怎样的心？"
> 我想拥有一颗不会被任何事物动摇、坚如磐石的心。
> 我想拥有一颗随着世界的变化而变化、动如芦苇的心。

过去，我一直认为，比起动如芦苇，坚如磐石的心更高尚、更理想。因此，当看到自己的心如芦苇般摇摆不定的时候，我会感到失望、受挫、羞愧。那时有人对我说："磐石无生命，而芦苇有生命。"我心想："那又怎样？反正我要成为拥有坚如磐石的心的人。"但随着时间的推移，我开始领悟到随风摇动却不会折断的芦苇的价值。磐石代表着刚硬和执着，而芦苇代表着适应和变通。现在，如果再有人问我这个问题，我会回答："我想拥有一颗深深地扎根于地下的芦苇般的心。"那么，你想拥有怎样的心？

现在，也许每个人家里都有自我激励类或学习类图书。有的人买这类书是想学习赚大钱的方法；有的人是想学习谈恋爱或累积人气的技巧；有的人是想通过学习激发与众不同的创意；还有些人是想通过学习提升自尊感。显然，这类书中包含着一定的道理，效果虽然因人而异，但也能起到一定的作用。然而，这些书中还隐藏着一些未表露出来的东西。我们在学习知识和技能的过程中，受挫和退缩不可避免。尽管下定决心并按计划付诸行动了，可总是在似乎有了进展的时候又重新折回原点。这种变数是正常的发展过程。**当"努力就会有收获"的期待与信念没能实现、事情的发展停滞不前时，我们就会陷入"果然我就是不行"、轻易放弃的陷阱。请记住：停滞不前或退缩并不是失败。**培养心智能力的过程，跟学习其他知识和技能的过程是一样的。

"不管做什么，都得做十年"让我们相信，只要做了十年，就会成为某一领域的专家。这又被称为"十年定律"或"一万小时定律"。心理学家 K. 安德斯·埃里克森（K. Anders Ericsson）对世界级音乐演奏大师和运动员的研究结果表明，他们都是数十年如一日地每天坚持练习。这里要注意的不是"十年"这一时间，而是训练方式。唯有带着目的去分析、评估和纠正自己的行为，并以此为基础进行训练的人，才能达到世界级水平。有人抱怨自己不是孙兴慜、朴世莉、赵成珍[1]。如果你也有过这样的抱怨，那么，请看看我们周围的那些“生活达人”。他们做的事情都跟我们一样，却达到了顶级水平。他们不仅手巧，还对自己的工作感兴趣，对自己的工作有充分的认识，并对自己进行训练。假如我们想成为“心智能力达人”，也要对心智能力感兴趣，去专研心智能力，并以此为依据，有意识地进行训练。选择弹钢琴还是踢足球，因人而异，只需找到一个能让自己感到舒心的事情，然后开始心智能力训练即可。

[1] 孙兴慜，韩国著名足球运动员；朴世莉，韩国著名高尔夫球选手；赵成珍，韩国著名钢琴演奏家。——译者注

如果想重塑心灵，应该从何处做起

我们能否重塑自己和他人的心灵

我们可以重塑心灵。我们通过称赞和奖励来激发他人的动机，使他人产生愿望；我们在说服对方构建新的信念和目标的同时，努力使忧郁、悲伤的人从不同角度看待自己的信念，以此来调整情绪；还通过物理环境或物品设计来使人的情绪和行为转变。咨询、广告、营销、政治演讲、教育和设计，旨在通过重塑我们的内心世界来重塑我们的行为。

另外，我们也可以如法炮制，像重塑他人的心灵那样来重塑自己的心灵。

塑造性格的“人格五因素模型”

有些人每遇到一个人，就会问他的血型或星座，预测他的天赋。他们把人分为四类或十二类，相信血型决定性格、星座决定命运，同时认为性格早已确定，且恒久不变。

得益于对人类性格的兴趣和研究，现在我们知道了人的性格并非完全与生俱来，而是通过经验和学习塑造出来的。因此，我们就从“性格在很大程度上具有可塑性”这一假设开始。重塑性格最简单的方法是改变性格的某些构成要素，而不是整体，因为“细节”比“整体”更易于着手。基于此，我们将聚焦于最适合这一目的的理论——“人格五因素模型”（Big Five-Factor Model）。研究人员先通过收集我们描述自己的词汇，再把相似的词汇组合在一起（一种使用计算机进行的复杂统计方法），最后从中找出五个因素来解释个体差异。通过人格的五大因素，即外倾性（extraversion）、宜人性（agreeableness）、开放性（openness）、尽责性（conscientiousness）及神经质性（neuroticism）的得分来生成个人简介，区分个体。例如，可阁这个人外倾性和宜人性的分数高，但开放性、尽责性、神经质性的分数处于中间水平；而高奎这个人除了神经质性的分数高，其他的都跟可阁相同。像这样，只要有一个因素不同，就会成为完全不同的另一个人。没有指纹完全相同的人，更不可能有性格完全相同的人。这句话意在暗示：我们要想塑造出新的性格，只需改变五个因素中的一个即可。性格，不但是我们解释世界的方式，而且是我们对世界的感受及回应方式的综合。因此，重塑性格就意味着重塑心灵，没有必要进行整体“革新”，就好像“ɑ”和“e”发音上小小的差异，就能形成完全不同的结果一样。小小的变化就能重塑心灵。心理咨询最终所做的就是利用我们心灵中的“那一小块”重塑一个全新的内心世界。

- **外倾性**：愿意与他人交往并希望引起他人的关注。
- **宜人性**：愿意与他人保持和睦相处的关系。
- **尽责性**：乐于遵守社会规则、规范和原则。
- **开放性**：不排斥或者极少排斥新鲜事物或创新，愿意接受挑战。
- **神经质性**：自认为情绪稳定，世界并不危险且可以驾驭。

重塑我们的心灵

我们经常在看到别人的行为后说他们很异常，有时甚至觉得自己也很异常。异常意味着自己与众不同、超乎预料或超出平均水平。我们在这个异常的世界里，跟陌生人生活在一起，害怕自己也会变得异常。其实，每个人都有些异常之处。

事实上，要区分异常和正常并不容易。刚开始学习心理学的人，通常会在读到与心理障碍或疾病相关的内容时，发现自己也有相同的症状，从而感到惊讶和担心。我们有焦虑症吗？有抑郁症吗？有孤独症倾向吗？……这就跟得了“健康焦虑症”一样。我们审视自己的内心并感到惊讶。我的内心怎么会是这样的？异常吗？其实，这些也许只是个体对陌生事物的自然反应。因为我们对自己的心灵非常陌生！

当我们亲近心灵时，很多问题就能迎刃而解；如果对心灵放任置之，在某个瞬间它可能会真的不属于我们自己，甚至出现必须有人帮助才不至于失控的程度。在这之前，我们有必要亲近心灵。最简单的亲近心灵的方法就是“常见面”。也就是说，要经常关注和审视自己的内心世界。关注让我们能更全面地了解心灵；了解心灵能让我们更好地进行自我管理。换言之，这能重塑我们的内心世界。

如果你产生了“我为什么要活着”“要继续这样活下去吗”的想法，建议你穿上衣服和运动鞋，到户外去走走！

如果你产生了“越来越郁闷，其实这只是某些‘化学物质’的恶作剧”的想法，就去外面走走！比平时更充满活力、如同有好事降临那样迈开步伐！这么做看起来没什么大不了的，但效果却超乎期待。你只需在阳光下走一走，就能从不幸与颓废的内心世界中解脱出来。有时候，我们能用简单的方式重塑自己的心灵。请不要忘记：只有父母的身心健康了，孩子的身心才能健康！只有关爱自己心灵的父母，才懂得关爱孩子的心灵。

保持恰当的自尊感

自尊感，是将自己视为有价值、值得尊重的人，这是一种积极心态。近些年，我们只要自尊感稍微下降一点，就表现得好像发生什么大事一样。担心孩子自尊感下降的父母，总是告诉孩子“你很特别”，尽量不要指出孩子的错误或批评孩子。然而，自尊感达到一定水平即可。**自尊感低会引发问题，但是也不是越高越好，**维持在一定的水平线上，让付出的努力跟效果呈正比就可以；高出水平线的话，效果跟付出的努力相比也并不显著。“总是”将自己视为有价值的人，是一种过高的期望。每当我们遇到新的突发状况，自尊感就会有所下降，但很快便能恢复过来。这种自尊感的波动是很自然的，没有必要因自尊感下降而焦虑不安。更值得我们重视的是“这种状态已经持续了多久”。孩子在进入学校或接受新任务时，也可能出现自尊感暂时降低的情况。这是一个信号，表明孩子有了具有挑战性的新任务。作为父母，要时刻关注孩子是否完成任务，并在某一时刻及时提供支援。然而，如果孩子的自尊感低迷持续了很长时间（大约两周或更长），那么父母就该担心了。

如果有人说：“我最近自尊感比较低！”我们该如何理解这句话呢？可以理解为“因为我的自尊感较低，所以即使是小事也会让我受伤，需要注意一下”；也可以理解为“因为我没有感受到成功，所以自尊感降低了。请用‘你很优秀’来鼓励自己”。自尊感低是一种主观评价，因此，即使其他人用客观的证据反驳或安慰，自尊感低的人也不会轻易改变。周围的人可以给他们提供帮助，但提升自尊感取决于他们自己。归根结底，我们还是要觉得自己很棒。

如果你不知道自己目前的状态，就用罗森伯格自尊量表（Rosenberg self-esteem scale）测试一下。这是个不错的方法（上互联网就能轻松地找到）。根据这项测试，自尊感高的人，对自己感到十分满意；认为自己有许多优点，自己可以把事情做得跟大多数人一样好，自己是个有价值的人。相反，自尊感低的人，往往认为自己是无用的失败者，不是优秀的人。假如一个人的自尊感开始下降，怎样才能恢复呢？可以像参加奥运会的运动员赛前那样，时刻为自己加油；也可以像自尊感高的人那样，时常进行自我激励，尽最大的努力让自己变成一个心情愉快的人，用最愉悦的声音跟自己说话。下面这些话将有助于提升个人自尊感。把它们写在卡片上，然后依次读出来。如果是提升孩子的自尊感的话，你可以看着孩子，像在说话一样把这些话读给孩子听，也可以鼓励孩子自己读。

“我总体上对自己很满意。”

“我有许多优点。”

“我可以把事情做得跟其他人一样好。”

“我是有价值的。”

“我尊重自己。”

“我值得被称赞。”

"我对今天的自己非常满意。"

"今天我会一切顺利。"

"我喜欢出色地完成工作的自己。"

"一切正按照我的想法顺利推进。"

通过自我指导训练提升孩子的自尊感

如前所述，自言自语能产生认知，认知会升华为我们的内心所想。苏联心理学家列夫·维果茨基认为，自言自语能够促进认知的发展。这一过程看起来非常简单。我们一开始会大声说话，之后就会默默自语。默默自语就是产生了认知。唐纳德·赫伯特·梅肯鲍姆（Donald Herbert Meichenbaum）则提出了一种更为具体的方法，将这一主张应用于日常问题。他建议，可以通过自我指导训练法（self-instructional-training）来学习思维或行为。实际上，孩子学会自言自语并进行自我指导训练，对他们学习和社交能力的发展有相当大的积极作用。

自我指导训练不仅对孩子有用，对于因某些原因而导致思维能力下降的成年人，也有一定的作用。我们大概都经历过这种情况：当大脑中的各种思绪混杂而无法集中注意力时，我们就会喃喃自语地告诉自己该做些什么。"先插蓝色的，再把黄色的插到旁边"，这种行为被称为"有声思维"（think aloud）。通过这种方式，我们可以听到自己的想法。这种通过声音来了解自己内心的方式，使我们能更容易亲近心灵。这样一来，我们对自己说的话，不仅能表达心意，还能重塑心灵。

你想拥有怎样的内心世界？想成为怎样的父母？请像下面这样对自己和孩子说吧！

> “我能成长为一个优秀的成年人。”
> “我能等到孩子做完。”
> “我有帮助他人的能力。”
> “我是一个值得信赖的人。”
> “我会站在你身后。”
> “当你内心疲惫时，我能给予你安慰。”

然而，仅在黑暗狭小的房间里呼喊“我是有价值的人”远远不够，实际上还需要成功的经历。这种经历并不需要什么大成就，小小的成功即可。它更容易实现，也更适合那些自尊感正降低的人，正所谓“积土成山”！

请多给孩子创造一些能让他们听到提升自尊感话语的机会吧！请在显眼的地方写下“我比昨天更好”“我是对他人有帮助的人”等语句，让孩子能经常看到（有研究结果表明，把“我能行”贴在桌子上很有效）！自我激励的话语，能使人成功，能使人拥有信念，能解决问题并给人指明方向。

不善言辞的父母怎样进行自我训练

有一种要求很强人所难，就是让不善言辞的人用语言表达他们内心的感受。那么，这类人就不得不放弃重塑心灵吗？不是的。还有更简单一些的方法可以使用。被誉为“美国心理学之父”的威廉·詹姆斯（William James）曾说过，不是因为害怕所以逃跑，而是因为逃跑了所以害怕。

将这一观点应用于实际的典型例子就是实验派演技（method acting）。它是一种让演员通过所饰演的角色，完全融入那个人物的思想与情感的表演方式，要求写实地演绎角色。有的演员为了了解流浪者的内心世界，竟真的像流浪者那样说话、做事和生活；有些人身穿会限制关节灵活性的特制服装，去体验老人的日常生活，以感受到老人的力不从心和警惕性。因为他们行动缓慢，所以担心过不了人行横道或坐不上地铁，此时也终于明白了为什么老人会推开他人往前走。我们也可以利用这种方式来重塑心灵。通过某种行动，我们能感受相关情绪、了解相关想法。这种方法可以在需要控制住愤怒情绪的时候使用，它能让我们看起来像根本不生气的人。

“不是因为幸福而微笑，而是因为微笑而幸福。”这句话是否真实可信？心理学研究给出了肯定的答案。为了证实这一假设，情绪心理学家詹姆斯·莱尔德（James Laird）让被试者的面部接触电极，以这种方式人为地制造面部表情。眉毛之间的电极令被试者皱眉，把嘴角附近的电极往耳朵方向拉，被试者就会微笑。一系列操作之后，被试者会收到一份与情绪相关的词汇目录，要求他们选出自己感受到的情绪。最后，被试者选出的是与自己的面部表情一致的词语。

皱眉的被试者倾向于选择与愤怒或烦躁相关的词汇；微笑的被试者倾向于选择与喜悦相关的词汇。之后，其他的心理学家也进行了许多类似的研究，其中最广为人知的就是以铅笔代替电极的实验。

咬铅笔的方式不同，表情也不同。被要求用牙齿咬住铅笔的被试者，嘴向两侧咧开（微笑的表情）；相反，被要求用嘴唇抿着铅笔的被试者，嘴角呈向下状（郁闷的表情）。这些被试者需要报告自己感受到的情绪；或者看四格漫画，说出漫画多有趣。不出所料，比起表情郁闷的人，表情微笑的人觉得更幸福，漫画也更有趣。

另一项研究进行的实验是：测量了注射肉毒杆菌后面部肌肉不能正常运动的人所感受到的情绪。一方面，肉毒杆菌毒素麻痹了让肌肉收缩的神经，以此使皱纹消失，同时，他们失去了面部表情，情绪感受也随之弱化。例如，接受了肉毒杆菌注射的人，即便看到了那些令人作呕的场景，如吃昆虫，也不会像以前那样感到恶心。另一方面，他们感到不如以前那么快乐，开始诉说忧郁。注射了肉毒杆菌的人，可能不像之前那么情绪化。

不善言辞的父母经常这样做，可以减少自己对孩子发火、与孩子之间产生矛盾的次数；坏处则是，即使孩子取得了比之前更好的成绩，画出了更美丽的图画，父母微笑中流露的幸福感却弱了很多。

通过面部表情和动作来重塑心灵

“回想起那个时候的事，又是一肚子气。”

回想起让自己生气的事情，我们就会眉心紧锁，心跳加快，头脑发热。记忆使我们陷入愤怒的状态。相反，我们愤怒的状态也能唤起自己愤怒的记忆。我们大概都有过跟朋友或父母发生争执时重提旧事的经历。“这不是第一次了，你以前不也是自作主张拿走了我的东西。”那一刻，平时想不起来的事情就清晰地浮现在我们的脑海里。当我们忧郁时，悲伤的回忆不断翻涌而来，我们变得更加忧郁。这是因为面部表情（感知运动）、记忆（思考）和情绪相互关联。因此，面部表情很容易成为改变我们心灵状态的工具。

现在改变一下你的面部表情，露出灿烂的笑容、忧郁的神情、愤怒的表情，体验发生在自己身上的变化。假如你想度过愉快的一天，请在镜子中露出一张笑脸，或者将自己笑容灿烂的照片设置为手机壁纸，最好是自己看一次就模仿照片上的样子笑一笑。

不仅仅是面部表情，姿势和动作也会唤醒情感和思想。我们甚至可以根据自己每天走路的姿势来重塑心灵。我们来回想一下自己走路的姿势。今天你是怎么走路的？你有没有用力地前后摆动双臂、双腿伸直，跳跃般地大步向前？抑或肩膀低垂、迈着小步，脚拖在地上似的缓慢前行？只需稍稍改变一下走路的姿势，你就可以感到幸福和不幸。在情绪低落的日子里，如果你像遇到了开心之事的人那样挺起胸膛、充满力量地走，忧郁的心情就会减少。在一项研究中，被要求像老人一样走路的被试者反馈说，他们比那些被要求像平常一样走路的被试者，显得更加忧郁。

除此之外，当你需要集中注意力时，可以握紧拳头、双臂交叉、肩膀展开，并试着抬起头；当你减肥时，可以试着把餐盘推得稍微远一点；当你焦虑时，可以试着放松身体，以减少焦虑与恐惧。如果想以这种方式（肌肉、姿势和动作）来重塑心灵，首先要能驾驭自己的身体。平时进行放松或缓解面部和身体肌肉紧张的练习，对我们十分有帮助。

幸运的是，我们可以通过面部表情和动作来重塑心灵。为了重塑内心世界，我们会做出一些有意而为之的行为，并且清楚地知道自己的意图。然而，跟孩子对话时要特别注意，孩子可能不明白我们为什么会这么做。例如，我们在生气的时候，如果露出淡然自若的表情，或者露出笑容，孩子会觉得我们的行为看起来怪怪的。这时，父母最好把用意告诉孩子："我很生气。因为改变表情能转变情绪，所以为了减少愤怒，我正极力装作若无其事。"

如果我们不这么说，孩子可能会误以为我们是在装腔作势，目的是掩饰自己的内心。最重要的是，这样能告诉孩子，通过训练和练习，他们也可以调节自己的情绪。

父母们，请试着跟孩子一起根据各种情绪来做出表情和动作吧！请告诉孩子这些做法可以用在哪些地方！"悲伤或忧郁时，露出微笑，心情会好起来""装作心情极好，挺起胸膛走正步""就像是在奥运会上拿到金牌那样，双臂高高地举起"。

有研究表明，在面部表情和肢体语言中，肢体语言比面部表情更有影响力。当我们以悲伤的表情举起双手，做出胜利的姿势时，喜悦会大于悲伤。有些孩子觉得露出面部表情会让自己感到尴尬，是强人所难。对于这些孩子来说，选择肢体语言和动作可能是更好的解决方案。

提升心智能力的方法

借助训练与实践

有些人缺乏心智能力，那些有孤独症倾向或障碍的人就属于此类。过去，孤独症被认为是一种界限清晰的心理障碍，但现在被称为“孤独症谱系障碍”。也就是说，划分标准已不再是有无孤独症特征，而是存在多少孤独症特征。为了适应社会，有孤独症特征的人要进行心智能力训练。简言之，虽然心智能力是人类进化的产物，但与其他任何能力一样，它也是一种可以通过训练和实践获得的技能。我们同样也能做到！

以下是剑桥大学心理学家西蒙·巴伦-科恩（Simon Baron-Cohen）团队开发出的“孤独症谱系测试量表”的子项目和样本。

· 社交能力有限（limited social skill）：“我”很难结交新朋友，“我”很难理解他人的用意。

・注意力转换困难（problems in attention switching）：“我”喜欢以同样的方式重复做事。“我”经常因专注于一件事情而忽略了其他事情。

・注重细节（attention to detail）：“我”有时会听到别人听不到的细微声音。“我”总是关注汽车车牌或列成一排的那些信息。

・沟通困难（problems in communication）：打电话时，“我”不确定什么时候应该说话。有时别人说“我”一直在重复同样的话。

・想象力有限（limited imagination）：“我”很难把握故事中人物的行为意图。“我”很难想象站在他人的立场上是什么样的感觉。

参加与孩子合作的活动

又大又圆的眼睛被涂成黑色，嘴唇被涂成白色，脸看起来像是画了两个大大的圆圈；头上披着红布，看起来像长长的袋子；只要稍稍一动，几乎长达脚踝的黄色条纹服装就如起舞般开始摇摆，仿佛一只水母在轻轻地翩翩起舞。身穿这些奇异服装的人，高举双手，载歌载舞。这就是墨西哥“亡灵节”（Day of the Dead）的场面。尽管看似奇怪，但韩国也出现过成百上千人聚集一处，身穿红衣，敲鼓呐喊“大韩民国”的类似场景。即便这不是什么宗教仪式，至少我们从很久以前开始，就已聚集在一起“合唱共舞”了。我们通过与他人“合唱共舞”，不仅能形成自己的集体意识和群体认同感，还有助于提升自己的心智能力。

如果我们想与他人“合唱共舞”，就必须注意他人的声音和动作。当他人发出高音时，我们必须选择是发出相同的高音，还是不同的低音（对于“音痴”的我来说，这样做其实意义不大）。当他人往前迈步时，我们得配合着往后退。只有这样，才能做到声音与动作协调，也能从整体上将歌声与舞蹈合二为一。“合唱共舞”的同时，还得一直留意他人，因为我们要听彼此的声音，看彼此的动作。

两个人合作的时候，需要以“联合注意”来实现共同目标，而不仅仅是单纯的二人彼此对视。例如，假设二人需要一起搬一件重物，对方在狭窄的门前转身，而我们必须猜测对方转身的用意，同时自己也要稍微挪动一下身体。只有熟悉周围的环境、懂得对方的用意，才能做出正确回应。**多人合作的活动是洞察对方愿望和意图的训练。**

因此，父母通过参加与孩子合作的活动，可以提升心智能力。最适合的活动就是“合唱共舞”。需要注意的是，合作活动要能让一个人的行为影响另一个人的行为。虽然是在同一时间、同一地点，但如果你唱你的、我跳我的，心智能力就难以得到提升。

和孩子一起进入虚拟世界

一个孩子想象自己先变成了蝙蝠侠，再变成了蜘蛛侠，然后变成了灰姑娘，最后变成了白雪公主；另一个孩子想象自己先变成了妈妈，再变成了爸爸，然后变成了儿子；还有一个孩子想象自己与一个可怕的隐形怪物进行了激烈的战斗。这些孩子玩的都是想象游戏。想象游戏可以在想象的世界中玩儿，也可以在现实世界中玩儿。孩子们喜欢“假设自己是谁或做什么”。这种想象从孩子 2 岁左右开始出现，在孩子 10 岁左右大部分就消失了。然而，发展心理学家表示，想象游戏实际上并未消失，而是被隐藏或转移到了虚拟世界中。因此，**即使我们老了，我们也可以继续遨游在想象世界中，玩着想象游戏。**

孩子通过玩这种游戏，了解了不易了解的世界，并为未来做了准备。他们害怕遇到怪物，但在最终击败它们后，会感到高兴和自豪；也可能会在战斗中因失去心爱的狗而悲伤不已。这个时候，孩子们就会做出符合情境的肢体动作和表情，表达符合自己角色的想法和情绪。

“看那里，敌人从远处过来了。啊，好吓人啊。但我有了这把剑，就能战胜它们。来吧，朋友！一起冲！加油！哇！我们胜利了。”

孩子们在击败敌人的同时，学会了调节自己的情绪。

孩子们玩游戏的时候，游戏情境和角色都在不停地发生变化，但随着他们年龄的增长，故事框架逐渐成形。这个时候，父母也要配合孩子的想象和故事的剧本及时做一些调整。如果父母无法胜任，孩子就会跳出角色，自己当导演。

“爸爸现在是个小宝宝，不能那么做，小宝宝不会那么做啊。”孩子对整个游戏有一个具体的计划，并根据游戏中出场人物的变化而改变自己的想法。要想写出一个完整的剧本，就必须具备心智能力。事实上，那些经常玩想象游戏和过家家游戏的孩子，心智能力提升得更快。

大孩子和成年人也会玩装扮游戏。许多人在虚拟世界中都有自己的虚拟角色。最近，随着被称为“元宇宙”的新环境的创建，通过虚拟角色与他人建立关系变得越来越自然。与游戏中扮演的角色不同，这些虚拟世界与现实紧密相连，人们可以在这里更为具体地表达自己的情感和想法。跟他人一起在这样的虚拟世界里时，感觉比在现实世界中更轻松，原因在于我们无须承担身心压力。在现实世界中，我们与某个人见面交谈，有时候会变得焦虑，因为我们不但要考虑交谈的内容，而且要顾及声音是否连贯、语调是否自然。此外，我们还得注意自己的肢体动作，如说话时看向哪里，无聊时是否要假装感兴趣，坐姿应该怎样。同时，我们的情绪会随着对方的面部表情、语气、姿势和动作的变化而变化。虚拟世界则显得更为便利，因为我们只需把精力集中在语言的内容上。虽然联想到虚拟世界发生的犯罪会令人害怕，但对于孩子们来说，虚拟世界跟现实世界一样真实。简单粗暴地切断它，可能会让孩子受到伤害，因为它已经与孩子的生活有着千丝万缕的联系。不如把在虚拟世界的经历作为彼此对话的素材来使用。刚开始对话时，父母需要注意，在指出虚拟世界的危险和发出警告之前，最好先把话题集中在它的价值和优点上。没有人喜欢指责自己所生活的世界的人。孩子的虚拟世界是培养孩子心智能力的另一个世界!

有时候，文字更能表达出我们的思想和情感。如果觉得和孩子们面对面交谈比较困难，不妨和孩子一起进入虚拟世界，借助虚拟形象互相表达内心的感受，并将这作为提升孩子心智能力训练的第一步。事实上，虚拟世界如今正成为进行心理治疗的主战场。

跟孩子一起阅读文学作品

作家赋予了文学作品许多隐藏的意义，通过作品中人物的思想感情来描绘现实，对同一件事情展现出不同的观点。因此，文学作品的解读方式可以有很多种，读者自己寻找其中的意义，填补空白。这一特征类似于心智能力。

文学作品的世界也远没有现实世界那么危险，即使身临其境，也不必为随之而来的结果负责。文学作品的读者可以根据自己的亲身经历，灵活、多元地推断出人物的情感和思想。相比之下，通俗小说往往倾向于展现出一致性、可预测的世界和人物。那些与我们的期待一致的小说，并不一定能提升心智能力。因为“学习”不是再次确认我们已知道的那些事物。

去书店任意挑选一部小说，随便翻开读一读便可以知道，我们并不是生活在一个逻辑严谨的世界。从现实世界的差异性和复杂性来看，略显复杂而深刻的文学作品更接近现实生活。此外，建议选择那些人物的思想和情感比较立体化的作品。如果确定不了，最好用这种方法多挑三四次。

可悲的是，很多人已经对文学作品失去了兴趣，因为我们在学校接受的教育是“要明确理解作者的意图”。当写读后感成了一种义务化训练，孩子们还能津津有味地阅读童话书吗?

与其试图弄清楚作者的意图，还不如试着关注人物的思想。曾经有一个基于文学作品而开展的活动，医生在参与之后，对患者的处境有了更多的同理心；犯人参与之后，学到了更多的生活技能。因此，与孩子一同阅读小说的父母，越重视人物的思想和情感，孩子的心智能力就会越高。跟幼儿一起阅读时，建议使用没有文字的绘本。父母看到文字会自动阅读，很难跳出文字的圈子。一本没有文字的绘本，可以成为父母任意想象人物的思想和情感的空间。

把关注点放在情感上的一位母亲，讲述了书中人物的内心世界。

> “狐狸想和狮子做朋友。”
>
> “孩子非常害怕，因为看不见妈妈。”
>
> “孩子相信，只要翻过山就能找到彩虹。”
>
> “王子看到了龙的眼睛，明白了龙其实并没生气。”

另外，她还不断地问了孩子许多关于内心世界的问题。

“这个孩子的心情是怎样的呀？”

“熊为什么难过呢？”

“如果换作是你，会怎么想？”

“你有没有过像狐狸那样的心情？”

“如果像狼一样生气，你会怎么办？”

如果这样跟孩子一起读书，不仅是孩子，父母的心智能力也可以得到提升。

成年人在阅读小说的时候也可以这样想：这个人为什么这么生气？如果换作是我们，会怎么想？我们经历过这种情况吗？当时我们的情绪如何？这些提问有助于提升我们的心智能力。

在阅读小说的过程中，我们融入了人物中，成为那个人，变得愤怒与悲伤。同时，我们又站在了观察者的角度分析人物。小说中的人物不知道的事情，我们知道。虽然我们感受到了小说中人物在遭到朋友背叛时的痛苦，但也知道，其实是有人在背后撒谎。当我们看到小说中的人物因“被朋友背叛了”这一错误认知而开始展开报复的时候，不免感到郁闷并为其惋惜。我们会自言自语地问：“为什么不直接去问朋友，对朋友的信任怎么那么轻易就被打破了呢？”我们已经与小说中的人物融为一体了。

在这个过程中，我们理解和解读了小说中人物的行为。“亲近之人的背叛，更加令人痛苦和震惊。这就是为什么主人公无法理性面对的原因。”另外，我们还会预测未来将发生什么；想象如果换作是我们自己，会怎么做；比较跟我们的实际情况的异同。在阅读小说的过程中，我们不断地与书中人物合为一体，又不断地成为小说之外的读者。这就好像孩子在玩最擅长的“装扮游戏”时，他们既扮演某一既定角色，同时又兼任导演，安排着全部角色。成年人则通过小说来玩“装扮游戏”或“角色互换游戏”。

然而，从书中学到的人际关系是有限的。如果把书中所提到的原封不动地照搬到现实中，会出现明显的偏差。我们如果像小说中的人物那样，对人表白时说“我的心中正有暴风雨袭来”，或者站在路中间大喊“我爱你”，会被视为“行为怪异者”。尽管如此，小说依然向我们展示了如何用文字来表达自己的心声。

寓言故事是最好的载体

一位工业设计师在一次寻找新灵感的旅行中遇到了一个孩子。孩子站着，手里拿着一个装有液体的小塑料桶和一个水泵，原来他是在卖汽油。这是世界上最小的加油站。然而，它却提供了与城市中排在高楼大厦前的加油站相同的服务。孩子挺直脊背，堂堂正正地卖着汽油，脸上充满了自豪。这位设计师表示，他为自己发现了世界上最有尊严的加油站而感动，并领悟到“回归本真才是‘最强王者’”。

无论做什么，刚开始的时候，比起复杂的东西，简单的东西更能有助于打下扎实的基础。对于希望通过阅读来培养心智能力的我们来说，寓言是最好的载体。它们对孩子和父母来说都合适。虽然寓言是以传授人生教训为目的而编写的故事，但是希望在这次阅读的时候，我们能把关注点放在寓言中人物的思想和情感之上。下面是《伊索寓言》中的寓言故事。

《狐狸和狮子》

有一天，一只狐狸一边悠闲地走着，一边四处张望。途中，它遇到了一头狮子。狐狸生平第一次见到狮子，吓得浑身发抖。回到家后，狐狸全身已经被汗水浸透了。当听狐狸说遇到了一头狮子时，它的父母和朋友告诉它，不要再去那里了。可是，狐狸不愿意放弃愉快的散步。后来，它又遇到了狮子。虽然这次它也很紧张，但没有第一次那么害怕。第三次见到狮子时，它就走上前去，主动跟狮子说话。不久，它们成了好朋友。

这个故事展示了我们在日常生活中所经历的真实恐惧和虚

假恐惧。你觉得自己是狐狸还是狮子？我认为是狐狸。所以，我要以狐狸为中心来谈谈。你可能会认为自己是狮子，那么，你就有了一个聆听对方（狐狸）想法的机会。希望你之后能以狮子的心态来重新阐释这个故事。

狐狸为什么怕狮子？因为狐狸生平第一次看到狮子。换言之，狐狸对狮子完全陌生，以至于狮子陌生的外表就能引发狐狸的恐惧。狮子块头大，脸上长满了毛茸茸的毛，也许它发出了奇怪的咆哮声。狐狸的恐惧似乎很自然。一般来说，我们会害怕陌生人或陌生事物。多亏有了这种恐惧，我们才能生存下来。当我们不知道陌生人对我们心怀好意还是恶意时，小心谨慎为上策。如果陌生人或陌生事物对我们有利，但我们回避了，也只会因失去了好机会而被取笑；但如果是不利的，我们却靠近了，那就是在自寻危险。因此，对陌生人或陌生事物的警惕与恐惧，是人类进化的产物。我们对陌生食物的排斥也正出于此。

另一种可能是听到了他人对狮子的评价。“有一种动物叫狮子，它十分凶残。所以如果遇到它，必须逃跑。”这种说法可真可假。这么说的人，也许只是在传达一种固定观念。固定观念中既包含着真理，也包含着谎言，不论是留下还是抛弃，都令人心里不舒服，可谓是“食之无味，弃之可惜”。正是这种基于固定观念所形成的信念，引发了狐狸的恐惧。事实上，狐狸遇到的也可能是一只友好的狮子（让我们暂时忘记狮子的行为和习惯）。**然而，错误的信念也会诱发由这一信念所带来**

的情绪。如果相信狮子是暴戾的，自然会害怕。如果狐狸怀疑这个信念，会不会成为第一只想跟狮子交朋友的狐狸呢？现在我们再来思考一下，我们的信念是建立在哪些固定观念之上的呢？又引发了怎样的情绪？

对于我们来说，狮子是什么？在日常生活中感受到的恐惧，有多少跟真正的危险有关？像狐狸那样，有时会因为陌生而感到焦虑；有时会因为别人说的话而感到害怕。与此同时，那些恐惧束缚着我们前行的脚步。我们遇到可怕的对象，要么逃跑，要么吓呆。对方越令人害怕，我们吓呆的可能性就越高。可重要的是，决定对方有多可怕的是我们自己。那么，你有过多少次因为害怕那些不真实的东西而被吓呆的经历呢？

狐狸克服恐惧的过程十分有趣。情绪是人对某一对象或事件的反应。但到了某一瞬间，我们就会开始根据自己的情绪判断客观情况。众所周知，镇静剂和兴奋剂在我们体内产生化学反应后，会诱发情绪。有时我们会无缘无故地感到恐惧（没有外部事件或刺激）。因此，由药物反应引起的恐惧或毫无理由的恐惧，都有可能成为我们判断客观情况的依据。

无论是什么原因造成的，恐惧在生活中都占有重要位置，发挥着重要作用。恐惧形成的过程简单且循环往复。刚开始，我们会毫无根据地恐惧陌生人或事物，并主动远离。随后，我们会认为对方是一个危险且令人生畏的生物，所以感到恐惧。我们不知道它是否真的是一个危险的对象，一直在竭力避开它。如果这样循环往复，“狮子”就真的会成为一种可怕的生物。

然而，狐狸从自己的情绪中走了出来，摆脱了恐惧。狐狸可能怀疑自己的恐惧是否真实存在。因此，为了确认自己的信念是否有误，狐狸不断地审视并靠近狮子。消除偏见的最佳方法是频繁地接触，也就是经常见面。这样一来，对方的真实面貌就会变得十分清晰，从而区分出真伪。我们可以应对被揭露出真面目的恐惧，难以应对来历不明的恐惧（不安）。

利用这个故事练习表达内心感受时，把它改编成对话的形式会更有帮助，就像童话剧的剧本那样。我给老师或父母上课的时候，问他们如何表扬孩子，他们通常会说“表扬孩子的优点”或者“找出比之前做得更好的地方表扬”。之后，我让他们把具体是怎么对孩子说的进行了情境再现。他们的回答是“比上次画得更直了”“真是太棒了”“真酷”。然后，我再次要求他们把表扬时的语调、面部表情和肢体语言进行情境再现。虽然这会让他们感到尴尬和不自然，但通过这一过程，他们可以发现自己知道什么、不知道什么，同时领悟到“知道”和“表达”是两个概念。

如果你想多练习一下，可以用下面这些故事。把重点放在故事中人物的内心世界上，不必试图解释得完美无缺。从最基本的思想（愿望、信念、意图）及情绪（喜悦、悲伤、愤怒、恐惧、厌恶、惊讶）开始即可。

《驮盐的驴》

一头驮着盐的驴在过河的时候，因为驮的东西太重，不慎跌倒在河里。随着盐溶解在水中，它顿时觉得身上轻了很多。驴第二次驮东西过河的时候，身上驮着的东西是棉花，这头自以为聪明的驴故意照原样摔倒，结果身上驮着的东西变得更重了。

《磨坊主、儿子和驴子》

磨坊主和他的儿子要去市场卖驴。父子二人牵着驴走在路上。这时，有人指责父亲让儿子走路，于是，父亲就让儿子骑驴；之后，又有人指责儿子让父亲走路，儿子又让父亲骑上了驴；父子二人就这样按照路人所说的，不停地轮流骑驴。走着走着，又有人站出来说，驴子被骑着走很可怜，于是，父子二人将驴子的腿捆在一起，用肩膀抬着驴子往前走。人们看到父子二人抬着驴子走路的样子，都取笑他们。驴子也不停地挣扎，结果掉进了河里。

如果想讲更有趣的故事，选择我们身边随处可见的漫画也非常不错。事实上，心理咨询师经常用四格漫画来做心理治疗。或者抹去漫画人物的脸，或者抹去对话内容，然后让来访者想象这些人物会有哪些表情，说一些什么话。

体验“真实情绪课程”

我开设心理学讲座已经很长时间了，每次以情绪为主题开设讲座时，都有固定的相关体验活动。活动目的是帮助学生理解情绪的结构和功能。此外，这些活动还用于针对难以感知情绪的孩子和成年人而开展的项目。

确认情绪的构成

（1）介绍最基本和普遍的情绪：喜悦、悲伤、愤怒、恐惧、厌恶和惊讶。

其中，除了惊讶之外，其他五种都是被提及最多的情绪。

（2）完成下表，并使用表格分析情绪。

	事件（诱发刺激）	生理反应	行为	语言
喜悦				
悲伤				
愤怒				
恐惧				
厌恶				
惊讶				

根据这份表格，我们就能一目了然地定义每种情绪。例如，愤怒是对无视我们的人或事件（诱发刺激）的反应，我们的心跳会加快、脸会变红（生理反应），会尖叫或试图扫除障碍（行为）。“真来气”“真烦人”“真气人”等都是表达愤怒的语句。通过这份表格，我们还可以知道诱发情绪的刺激是什么、自己的反应是怎样的。有时候，从诱发情绪到付诸行动的时间极短，自己可能根本察觉不到。在这种情况下，我们就像被命名为“情绪”的龙卷风卷走一样，被人牵着鼻子到处走。

例如，一个人在打了朋友或同事后为自己辩解：“我打他是因为发生争执时，突然气得受不了。”我们在日常生活中会突然陷入某种情绪的漩涡。事后，我们往往会后悔，懊恼自己在情绪激动状态下的言行。如果了解自己的情绪，即使没有想透彻，也能在一定程度上预防这种情况发生。例如，提前确认诱发刺激的因素，做好应对自身情绪的准备。在平心静气的时候，还可以提前让对方（孩子和父母互相）了解自己的情绪。

“如果你在我说话时叹气，我会忍不住生气。因为我觉得你在忽视我。当然，我知道我可能错怪你了，但情绪很难不失控。所以，我想暂时离开一下，让自己冷静下来。这时候，希望你能让我一个人静一静。”这样一来，对方就会知道，“我”独自去冷静冷静是在调整自己的情绪。事实上，有研究结果表明，人越能了解自己的情绪，就越能处理好它。

露出与情绪相匹配的面部表情并观察面部表情

（1）露出与基本情绪相匹配的面部表情。

（2）用镜子（或手机）观察面部表情。

（3）将观察结果填写在表格中。

	眼部	嘴部	眉毛	额头
喜悦				
悲伤				
愤怒				
恐惧				
厌恶				
惊讶				

（4）露出与基本情绪、社会情绪（尴尬、困惑、嫉妒、羡慕、内疚等）相匹配的面部表情，并拍照。（正面出镜，尽可能露出前额，摘下眼镜）

（5）把你的照片给旁边的人看，让他们猜猜是什么情绪。请分别给认识的人和陌生人看，看看他们的回应有没有区别。之后，再把照片给父母看看，确认他们的不同回应。

每一种情绪都有其独特的表达方式。正因为如此，面部表情可以代替语言。例如，“愤怒”只表示愤怒，不会表示悲伤或恐惧。大多数学员惊讶地发现，他们的面部表情并没有太大的差异，而且也分不清楚。他们无法区分照片或镜子中自己的脸。“我露出一副可怕的表情，但镜子里的我却像什么事都没有发生一样。”

长期隐藏自己的恐惧，会导致表现恐惧的能力下降。从小时候开始，家长就总是告诉我们“不要害怕，不可怕”，这让我们产生了错误的信念。这样一来，我们也就失去了正常表现恐惧的能力。因此，当有一天我们发现自己脸上露出恐惧的表情时，会感到惊慌失措，感到有些不对劲。但其实，生活中处处充满恐惧。即使是现在，我们也应找回正常表现恐惧的能力。第一步就是找回这种表情。对着镜子练习露出恐惧的表情。有一家日本公司让员工练习露出各种面部表情。因为一些外国友人来到日本后经常因日本人“总是微笑”而产生误解，有时甚至感到不快。“总是微笑”的妈妈（爸爸）真的对孩子们好吗？没有体验过负面情绪的环境会导致孩子失去提升“社会免疫力”的机会。

“表达心声”能力的起点是洞察和理解他人的内心。上述方法均有助于提升心智能力，均为学术研究和现场实践的成果。只要我们再多付出一点点努力，一定能迎来轻松洞察内心、表达心声的那一刻。

尾声

我们终于可以说出心里话了

有人说，意识到自己无知是拥有智慧的开端。意识到自己信念的错误，就是了解内心的开始。我们坚信自己的信念是正确的，以至于某种心理状态一旦出现，就会表现出一种持续性的心理惯性。尽管如此，**我们还是能够停下来，并纠正自己的错误信念，这正是因为拥有心智能力。**

我们坚信——孩子会茁壮成长

有时候，一些人会戴上“玫瑰色的眼镜”去看世界，或带着“有情饮水饱”的满足生活下去；他们只看自己想看到的，而非真实的世界。世界上的骗子了解这些人的思想，并根据他们的目的加以利用。他们利用他人的愿望和信念，帮助他们达成心愿。玛丽亚·康妮科娃在《信心游戏：为什么我们每次都会受骗》中提到："我们被欺骗不是因为骗子的诡辩口才和善意，而是因为我们的自信。"我们相信自己是特别的，可以掌管自己的生活；相信他人是值得信赖的；相信自己有一个美好的未来。我们只接受那些与自己价值观或期望一致的意见，而忽略或曲解那些反对的意见。我们知道这个世界上充满了艰难险阻和危险之事，却错误地认为"我是唯一的例外"。即使做出了错误的选择，我们也会通过将其合理化或者责怪他人来保护自己的自尊。我们就是这样充满信心地生活在这个世界上的。骗子利用的正是这种迷之自信。迷之自信使我们相信骗子，将胡说八道歪曲成的事实，并使我们"自信"地认为：即使谎言被揭穿，我们也是那个例外。

那么，我们的自信错了吗？它是把生命推入深渊的罪魁祸首吗？当然不是。自信，是一种力量。它让我们即便身处寸步难行的现实环境，也能坚持去做一些事情，在遭遇失败后仍能继续前行。有时候，这种无法正确认识世界的"无能"，会让我们对自己的生活感到满意。事实上，有研究结果表明，能准确识别威胁婚姻的信号（出轨信号）的人，对自己的婚姻更不满意（心理学上的"幸福"指的是一种主观满足感）。最重要的是，这种自信会成为养育孩子的力量。我们相信我们的孩子会做得更好，不会惹是生非，我们会给孩子创造美好的未来，我们可以为孩子创造美好的未来。为了实现这些愿望和信念，我们在不断地计划并付诸实践。

我们明白——错误信念也能诱发行动

我们的信念常常被打破。有时候，我们还会责备和埋怨孩子，因为孩子辜负了我们的信任，妨碍了计划的实施。“是你把我变成这样的。我会让你为背叛我的信任付出代价。”这是我们经常在电影和电视剧中听到的一句话（我记得这通常是反派的台词）。到底是对方背叛了我们的信任，还是我们自身的信念错了？在承认自己就是错误信念的制造者之前，我们常常先责怪他人。责怪他人是保护自己和自尊心的一种策略。为了维持自身形象，孩子也会否认自己的错误行为，故意将自己从事件中剔除，或者在别人问自己之前先发制人。

幸运的是，我们意识到自己是错误信念的制造者之后，会纠正自己的信念，改变行事方式。同时我们也知道，所有人都有带着错误信念行事的时候。如果没有看到球移动，就应该到球之前所在的地方去寻找，不是理所当然的吗？我们之所以相信错误的信念，不是因为笨，而是因为我们没有看到某些东西。

我们可以想一想，孩子有多少行为是我们从未见过或听说过的。随着孩子年龄的增长，户外活动越来越多，我们看不到的东西也就越来越多，我们的错误信念也自然多起来。那些认为自己的孩子从来不吃蔬菜的父母，在看到孩子在幼儿园吃炒青菜时，会感到十分惊讶。这样的惊喜是令人愉快的。然而，当父母得知自己的孩子会骂人或骚扰其他孩子时，他们不仅感到震惊，也感到被背叛。诸如“我是好父母”“孩子会告诉我一切（我知道关于孩子的一切）”和“理想的父母就像朋友一样”的信念，是这种背叛感产生的基础。如果不知道自己的孩子身上发生了什么事，就不是好父母。“成为好父母”这一愿望和目标，有可能成为父母对孩子发火的导火索。在这种情况下，父母将自己制造出的错误信念归咎于自己的孩子。

我们明白——孩子的信念也会改变

也许父母认为，孩子保证过会说实话。这是一种承诺，当孩子失约时，父母认为责备孩子理所当然。但是，这样做公平吗？这是真正可以兑现的承诺吗？一般来说，包含了“一切”或“常常”的承诺几乎不可能实现。而且考虑到父母与孩子之间权力的不平衡，这其实是一种不平等的“契约”。在这一承诺中，只有一方有义务说出一切。孩子可能已察觉到这是一个错误的承诺，所以认为没有必要去遵守。

不能说“一切”，也没有必要说“一切”。父母要暂且抛开不公平的“契约”，也应该知道：孩子不说话是因为他们在不知不觉中长大了。随着孩子年龄的增长，他们相信“把一切都告诉父母很幼稚”，而父母认为“一切都必须说出来”，这两种信念发生碰撞，造成了必须“二选一”的局面。最重要的是，孩子希望成为“一个独立的人”的愿望十分强烈。此外，父母传递出的信息也是“我们希望你（孩子）成为一个可以独立生活的人”。既然如此，孩子做出“说什么、不说什么，都由我决定”的选择是很自然的。随着时间的推移及经验和知识的积累，孩子的信念会发生变化：从“爸爸什么都知道”转变成“有些事情爸爸也不知道”，再转变成“爸爸知道的知识都过时了”。由于信念发生这样的转变，如果再有不懂的事情，孩子以前会问爸爸，现在则会去问朋友或者上网查找。这是孩子自然的变化，也是其成长的标志。然而，**对孩子的变化不敏感的父母，无法预知孩子的行为**。因此，这些父母不仅不理解孩子的行为，有时甚至还很生气。“孩子什么都会告诉我”的信念曾经是正确的，但现在却是错误的。

我们现在可以迅速纠正自己的错误信念

错误的信念是由“以自我为中心”的思维方式所致。“我看到的，就是别人看到的。”这种以自我为中心的思维方式，存在于所有年龄段的人中——从儿童到青少年和成人。孩子把自己最喜欢的彩纸送给祖母；青少年因为产生了“总是有人在看我”这种错觉而做出夸张的行为，抑或因为产生了“我是一个特殊的人”的想法而做出危险的行为；成年人则高估了决定自己本性的核心特征（例如合理的思考或道德品质），并认为自己与众不同。随着年龄的增长，这种以自我为中心的思维方式会更加强烈，因为此时我们在心理和社交上都落后于正常步伐，处于“独自前行”的状态。以自我为中心的思维方式是人类的普遍特征。因此，无论是谁，无论在何时，我们都有产生错误信念的可能。

然而，幸运的是，我们知道自己会根据错误的信念行动。随着年龄的增长，我们还能更快地摆脱自我中心主义的束缚，更快地纠正自己的错误信念。这些都要归功于我们所拥有的心智能力。因为我们知道，人在某些情况下会产生错误的信念，所以能迅速地承认自己产生了错误的信念，并与他人展开合作。其实，我们走出错误信念的怪圈非常简单，只要自己意识到“我的信念也许是错误的”即可。

我们明白——我们会被情绪左右

不仅是信念或意图，情绪也会激发行为。我们通常以喜欢或讨厌某人为由，同意或拒绝他的请求。出于某种原因，我们会感到一些人很熟悉和亲切。当遇到这样的人时，我们就会用“灵魂的挚友（灵魂伴侣）”“缘分”“命运”等宏伟的词语来定义双方的关系。如果听到有人说“这种熟悉感只是自己无意识中产生的几次感觉罢了”，我们就会十分沮丧。心理学家罗伯特·扎伊翁茨（Robert Zajonc）已证实，仅靠单纯（纯粹）而反复的接触（曝光）就能产生好感，从而增加被选择的可能性。扎伊翁茨认为，靠情绪去判断优先于理性思维。

在日常生活中，我们必须面对许多选择。是吃炸酱面还是海鲜面？该买黄伞还是黑伞？该买运动鞋还是跑鞋？该跟谁共进午餐？……当然，我们也很可能在“深思熟虑”后最终选择放弃。有人坦言，选择太复杂、太难，有“选择困难症”。虽然一些心理学家解释说，放弃是因为认知负担，但扎伊翁茨说，选择最终取决于自己更喜欢哪一个。

我们往往在选择了喜欢的东西之后，再找出选择的理由。换言之，为了证明选择的合理性，我们会寻找借口或将其合理化。很少有人问自己喜欢一个人的理由。一般来说，我们会问对方或旁观者为什么喜欢这个人，为什么选择这个人，而我们在被提问的那一刻起会开始寻找或创造那些自认为合情合理的理由。但是，扎伊翁茨认为，我们只是“因为喜欢”才做出了选择，甚至那些坦言“没办法、别无选择、没有选择权”的人，最终选择的也是不讨厌或稍微有好感的一方。我们**就是这样来选择一切的，其中，情绪处于选择的中心位置。我们要试着问自己：**

“我喜欢什么？”

“我害怕什么？”

“我为什么生气？”

下定决心才能更自如地洞察内心

尽管我们拥有心智能力，但只有当我们产生洞察内心的动机时，才会使用到这种能力。那些位高权重的人，心智能力明显处于较低水平。可当他们产生了洞察他人内心的动机时，心智能力就能得到提升。例如，当公司给各部门的主管一个任务，让他们想办法提升下属的参与度和归属感，上司们将会竭尽全力地去了解下属的内心世界。或许可以这么说，**我们之所以无法了解他人的内心所想，不是因为缺乏知识或社交技能，而是因为缺乏一种驱动力。**

同样，还有一些动机能引导我们纠正自己的错误信念。一般来说，老年人普遍存在信念偏差（belief bias）。老年人通常会根据以前的知识或经验做出推断，而不是根据逻辑或客观信息。以前把这一现象解释为“老年人处理信息的能力下降了”，但最近更值得关注的是他们“积极处理信息的动机”。实际上，将“提高老年人记忆力实验”的结果和“激发思维动机实验”的结果进行比较便可知，后者的信念偏差更少。也就是说，接收到要求进行积极思考、寻找更多信息“指令”的老年人，能够更有逻辑性、更加客观地进行思考。

事实上，善于思考的高手更喜欢复杂的问题，而不是简单的问题。他们喜欢面对并处理需要进行大量思考的情况；他们还喜欢挑战自己的思维能力或寻找新的解决方案；他们喜欢抽象的思考，而不是记住具体的事实。如果你也具有这些特征，那么，你很可能也会质疑自己的信念，并试图努力纠正错误。

先了解自己的内心，才能洞察孩子的内心

孙子曰：“知彼知己，百战不殆。”这不仅适用于兵法，也适用于人与人之间的关系。了解自己与他人，可以避免冲突和争吵。我们与他人有相同之处，也有不同之处。每个人都拥有心智能力，但它的运作方式因我们经历的不同而有所不同。**我们以心智能力去洞察他人的内心，反过来又以同样的方式来了解自己的内心**。我们经常会问：“如果换作是我，会怎么做？如果换作是你，又会怎么做？”跟获取与世界有关的知识一样，我们会通过观察自己及收集、组织和重组信息，来建立关于自己的概念、知识或身份。我知道自己擅长什么、信任谁、容易被什么样的刺激吸引，哪些刺激会让自己陷入愤怒，等等。我们会根据对自身的了解，来预测和控制自己将如何对某些刺激做出反应。

同样，要想洞察他人的内心，我们就必须观察他人，收集和组织相关信息并建构意义。此时，我们会关注对方的愿望、信念、意图和情绪。跟了解我们自己的内心世界不同，了解他人的内心世界是有限的。因为跟我们自己相比，关于他人的信息明显不足。此时，我们最好采用“换位思考”的方式。如果

我是你，内心会有何种感受？这种站在对方的角度逆向思考的战略非常有效。

孩子的内心与我们的内心不同

我们不可能彻底成为另一个人。成年人模仿儿童画的画作，也仅能被视为“模仿之作”。这些画作是成年人基于对儿童的眼睛、手和姿势的了解所画的看似充满童趣的作品。尽管成年人想以生疏的技法作画，但描绘出的却是细腻、均衡、简洁的线条。当我们换位思考时，我们也会思考自己过往的经历、看待世界的方式和价值观。**只要换位思考就能完全理解他人的观点，这其实是一种错误的信念。**

瑞士著名心理学家、发生认识论创始人让·皮亚杰（Jean Piaget）用“同化”和“顺应”来解释认知的发展。首先，我们会根据已有的认知结构来理解世界（同化），然后改变自己的认知结构以适应世界（顺应）。当我们试着去理解孩子时，我们也会经历类似的步骤。首先，我们会以自己的信念为认知基础去理解孩子，然后发现孩子与我们的差异，并在此基础上修正自己的信念。

“我知道我的信念有可能是错误的！”

我们最终能与孩子“心心相通”

最后，祝愿渴望表达心声的你能达成所愿。表达心声，一方面是我们表达出自己的愿望、信念、意图和情绪；另一方面是我们去探究他人的愿望、信念、意图和情绪。请你想象一下跟孩子在一起的场景。你跟孩子有没有彼此对视？是各自看着不同的地方，还是看着同一个地方？现在，请你先试着跟孩子说话。第一句话该说些什么？可以说“看什么呢”，也可以说“看那边，是不是很酷”。接下来，请试着说出最真实的内心感受，告诉孩子：你希望孩子幸福，相信能做自己喜欢的事情就是幸福。但你也清楚地知道，实现这个愿望很难，所以要下定决心、拼尽全力让孩子过上幸福的生活。最后，在此基础之上，询问孩子内心的真实想法：

“你希望得到什么？”

“你在想什么？”

“你有什么计划？”

如果孩子回答“还不太清楚”，你就要微笑着问：“最近心情怎么样？”**现在只要有一颗关爱孩子的心就已经足够了。**毋庸置疑，表达心声真的会越来越容易。

附录 1

如果深入挖掘一个词语的释义，就会发现在这个词语的释义中，还包含着一些相似却略有不同的其他情绪。这些词语有助于我们巧妙地表达情绪，一起来学习并记住吧！

喜悦：心里有种愉快的感觉。

* 愉快：因喜欢而感到满足、高兴。

* 满足：满意、无任何不满且心情舒畅。

生气：因不顺心或不悦而感到恼怒或郁闷。

* 不顺心：因不满意而郁闷。

* 不悦：因不满意而不高兴。

* 恼怒：失望到想发火的程度。

* 失望：因与期待相反而感到不满、不顺心，带有不舍与惋惜之情。

悲伤：心里难受或可怜，心痛而痛苦。

* 难受：难过而悲痛。

* 悲痛：感到十分委屈、痛苦。

* 委屈：因模棱两可或不公平而感到愤慨、郁闷。

可怜：因处境艰难而令人怜悯。

* 怜悯：处境凄凉而令人心酸。

* 凄凉：寂寞得让人心如刀割。

恐惧：因为感到有危险或受到威胁而不安。因害怕（某事）发生而忧虑。

（因事物的性质或势头发展得异常快速）感到害怕。

* 不安：有顾虑或担忧的东西。

* 顾虑：因事情未解决而焦虑或郁闷。

* 担忧：因担心出问题而焦躁。

厌恶：极度厌烦、讨厌、反感某个对象。

* 厌烦：不喜欢或不想做。

* 讨厌：因不满意而避讳。

* 反感：因看不惯而讨厌。

* 避讳：因认为会对自己不利而感到害怕或讨厌，并竭力避开。

惭愧：因良心不安而无法理直气壮。因感到疏远而不好意思。

*理直气壮：行动或想法堂堂正正，不拐弯抹角，光明正大。

*疏远：因距离感而产生的隔阂。

*尴尬：因不熟悉或难以应对而感到拘束。

*拘束：不自然、难为情。

*难为情：因不自然、格格不入而感到别扭、不好意思。

*别扭：尴尬、不自在。

*腼腆：一种在他人面前害羞、不好意思的心态。

内疚：对所犯下的错误或罪过感到有罪或自责的心态。

羞耻感：感到非常羞愧的心态。

羡慕：渴望成为某人或得到某物，想要拥有或实现的心态。

嫉妒：猜忌那些比自己优秀或占据好位置的人，憎恨他们，贬低他们。

因别人喜欢自己喜欢的人而过分猜忌。

*猜忌：妒忌、产生嫉恨情绪。

*妒忌：无缘无故地讨厌和怨恨比自己优秀的人；非常羡慕或忌妒比自己强的人，并尽量让自己不被比下去。

附录 2

在情绪词汇的海洋中寻宝

对情绪越了解，知道与情绪相关的词汇越多，就越能自如地调节情绪。近年来，我们常以表情包、网上聊天时使用的拟声词来表达情绪。当偶尔收到“呵呵呵”或“哈哈哈”这类短信时，我对发信人的真实表情和声音很好奇。“喀喀喀”“哐哐哐”“嘻嘻嘻”“哧哧哧”“呲呲呲”“咔咔咔”“嗤嗤嗤”“哈哈哈”“嘿嘿嘿”“嗖嗖嗖”“扑哧哧”，声音不同，表情也会不同。幼儿也能根据听到的声音做出相应的动作。例如，他们可以区分出“轻手轻脚”和“大步流星”。我们之所以发给对方网上聊天时使用的拟声词，是因为我们理所当然地认为，对方也会跟自己用一样的意思来解读它们。如果看到“呵呵呵”，我们会问对方：“这是什么意思？是因为高兴才笑，还是忍着不笑，或者是在嘲笑啊？”这会令对方措手不及。没能正确理解本应理解的事物时，可能被视为落后于时代。在《心理学概论》课上，我曾让学员按照从最强到最弱的程度来表达愤怒。之后，他们在表达愤怒的词语前加上了“真的”“非常”“稍微”“有点儿”等副词。当他们真的非常生气时，就不说话或压低声音回答。一般来说，用以上这些方式表达已经足够了。可是有一天，当找到可以准确表达情绪或想法的词语时，我们就会发现：我们跟这些词语产生了同理心，就跟听故事、听歌时一样！“原来这种词语还真有啊！正是我想要表达的。”

在伊努伊特族的语言中，用于表现“眼睛”的词语超过了30个，也就是说，伊努伊特族人至少可以区分出30种以上的眼睛。又例如，比起一般人，色彩专家知道更多的颜色，从而区分颜色的能力更强。同理，如果我们知道更多关于情绪和与情绪相关的行为的词汇，就能区分和表达出更多的情绪。

快乐：高兴、开心、幸福、欣慰、喜悦、兴奋、满足、平和、感恩、宁静、痛快、凉爽、清爽、喜极而泣、洋溢、激动、温馨、惬怀、放松、欣喜若狂、惊险刺激、感人至深、可歌可泣、无忧无虑

悲伤：伤感、伤心、委屈、郁闷、忧虑、担心、空虚、茫然、沮丧、绝望、失望、悲怆、哀怜、无力、畏缩、无助、凄凉、哀伤、忧愁、悲切、怜悯、沉闷、可怜、不幸、凄惨、凄苦、惨淡、惋惜、黯淡、怅惘、虚

脱、凄楚、鼻酸、想哭、哽咽、无助、双腿颤抖、心情沉重、意志消沉、毫无希望

愤怒：生气、发火、窝火、愤慨、气愤、动怒、上火、烦躁、心烦、气恼、恼火、盛怒、暴躁、窝气、冤枉、不满、怅然、郁闷、可憎、烦闷、闹心、憎恨、怒火中烧

恐惧：可怕、害怕、胆怯、畏惧、石化、吓呆、紧张、焦虑、焦灼、窒息、心碎、烦躁、坐立不安、战战兢兢、心急如焚、小心翼翼、忧心忡忡、双腿颤抖、惴惴不安、惊慌焦虑、捏着一把汗、毛骨悚然、不寒而栗、心惊胆战、双脚僵硬、气息奄奄、心烦意乱

厌恶：讨厌、嫌弃、恶心、窝火、别扭、反感、竭力避开

惊讶：吃惊、眩晕、荒唐、惊骇、震惊、惊愕、激灵、冲击、崩溃、惊悸、哑口无言、双腿发软、瞠目结舌、哑然失色、目瞪口呆

兴趣：聚精会神、迷惑、吸引、心动、迷住、无聊、厌倦、新奇、好奇、陶醉、痴迷、热衷（着迷）、狂热、专心、专注、有趣、津津有味、有好奇心、饶有兴趣、神

魂颠倒、忘我之境、全神贯注

社会情绪： 骄傲、自豪、羞愧、害羞、羞怯、难堪、困惑、尴尬、丢脸、负疚、妒忌、急迫、羡慕、忌妒、难为情、受不了、火烧火燎、莫名其妙、心急如焚、心驰神往、心中牵挂、心意相通、不知所措、心里难受、不好意思